AURELIO F. CONCHESO

MISIÓN IMPOSIBLE

LA REFORMA LABORAL Y PREVISIONAL VENEZOLANA

MISIÓN IMPOSIBLE
La reforma laboral y previsional venezolana

Aurelio F. Concheso©
FB Libros C.A. y CEDICE *copyright* de la presente edición

ISBN: 978-1542424059

Coordinación editorial: Roger Michelena
Diseño y diagramación: Mariano Rosas
Corrección: Lesbia Quintero
Fotografía: Aglaia Berlutti

Primera edición con CEDICE 1998
Segunda edición con FB Libros y CEDICE 2017

Edición auspiciada por el Centro Internacional para la Empresa Privada CIPE.

MISIÓN IMPOSIBLE

LA REFORMA LABORAL Y PREVISIONAL VENEZOLANA

A las futuras generaciones de trabajadores y empresarios venezolanos, por cuyo bienestar emprendimos esta... "Misión imposible"

ÍNDICE

Agradecimientos 7

Presentación a la segunda edición 11

Presentación a la primera edición 15

Prólogo 19

Capítulo I: La muerte de los paradigmas 29

Capítulo II: Marchas y contramarchas 39

Capítulo III: Brisas de cambio 51

Capítulo IV: El sistema se tambalea 57

Capítulo V: Aprendiendo a negociar 67

Capítulo VI: La antesala 77

Capítulo VII: La estafa a los pensionados 87

Capítulo VIII: Consenso acelerado-La nueva Seguridad Social 99

Capítulo IX: El nudo gordiano 115

Capítulo X: De buenas intenciones a leyes 127

Epílogo: La tarea pendiente 139

Documentos

Propuesta de Fedecámaras de un nuevo Sistema de Seguridad Social ...149

Acuerdo Tripartito sobre Seguridad Social Integral 151

Agradecimientos

A mi esposa Josefina por su revisión crítica de la obra mientras esta se gestaba… y su paciente espera durante las largas horas tripartitas. A mi asesor y amigo Nelson Falcón Guánchez por su paciencia en revisar con ojo crítico y espíritu de corrector la primera versión. A Rocío Guijarro, Gerente General de Cedice, por guiarme por los vericuentos del mundo editorial que tan ajenos resultan para el autor. A mi asistente de muchos años, Milagros Molina Pomar, por su siempre eficiente ayuda en la impresión del texto y en superar mi limitado alfabetismo computacional. A Jorge Enrique Fernández-Concheso y Luis Miguel Otero, por la clasificación y codificación de mis apuntes y hemeroteca, sin lo cual no hubiera podido relacionar y documentar debidamente los hechos relatados; a ellos mi más profundo agradecimiento, pues sin su ayuda esta obra hubiera sido verdaderamente una misión imposible de cumplir.

PRESENTACIÓN A LA SEGUNDA EDICIÓN

Al cumplirse 18 años de la primera edición de *Misión Imposible: La Reforma laboral y previsional venezolana,* resulta triste pero cierto ver cómo las reformas, de cuya incorporación como leyes de la República deja constancia el libro, no solo dejaron de implementarse, sino que la situación es hoy mucho peor de lo que era en el momento que estas fueron discutidas, concertadas y aprobadas.

La victoria de Hugo Chávez en las elecciones del 6 de diciembre puso en el congelador tanto la reforma de la Ley Orgánica del Trabajo como la nueva Ley Marco de Seguridad Social aprobadas en junio y diciembre de 1997 respectivamente. El motivo inicial de esa medida era la convocatoria a una Asamblea Constituyente que modificaría la base de esas dos leyes, entre otras, que en su conjunto representaban el Contrato Social más importante de la Nación para sus trabajadores.

Aprobada la nueva Constitución y consumado el proceso electoral de relegitimación de las autoridades nacionales, el Gobierno de Hugo Chávez nombró una Comisión de composición tripartita para que revisara las leyes a la luz de la nueva Carta Magna, presidida por el entonces vicepresidente de la República Isaías Rodríguez. Eran todavía los tiempos de la luna de miel del chavismo con una fracción importante del electorado venezolano, incluyendo no pocos elementos del empresariado y el movimiento laboral organizado.

Durante la campaña electoral, aparte de amenazar con "freír las cabezas de los adecos en aceite" los elementos más radicales de la coalición chavista habían encontrado lo que ellos consideraban un blanco que rendía dividendos de apoyo popular, en satanizar la Tripartita compuesta por obreros, empresarios y Gobierno que había posibilitado las reformas, como "La Trimaldita".

Es justo señalar que, en ese momento, no todos los integrantes de la coalición compartían esa visión. Hombres como Luis Miquelena, Arnoldo Rodríguez Ochoa, prematuramente desaparecido primer ministro de Sanidad del Gobierno de Chávez, y el propio Isaías Rodríguez entre otros, mantenían una mentalidad abierta y propicia a rescatar los mejores aspectos de las reformas poniéndolas en sintonía con lo contemplado en los artículos 80 al 97 y de la Constitución de 1999.

La Comisión Rodríguez sesionó desde agosto de 2000 hasta abril de 2001, si bien a partir del nombramiento de Rodríguez como Fiscal General, éste fue sustituido por la nueva vicepresidenta de la República, Andina Bastidas. Sus recomendaciones, con las modificaciones del caso, mantenían los aspectos más importantes de las reformas del 97 y fueron presentadas a la Asamblea Nacional en el mes de junio de ese año.

Lamentablemente, el giro hacia una posición cada vez más orientada al socialismo extremo propiciado por los entonces integrantes del "Gabinete Social" y motivado tal vez por el acercamiento del Gobierno hacia el modelo de la Cuba comunista, hizo con que las recomendaciones de la Comisión Rodríguez fuesen echadas al cesto de la basura por la Comisión de Asuntos Sociales de la Asamblea Nacional, controlada por los elementos más dogmáticos del chavismo.

En materia laboral el mantra era que la Reforma le "había robado las prestaciones a los trabajadores". No obstante, ni siquiera porque el Gobierno mantuvo amplias mayorías legislativas e inclusive casi el 100% de los legisladores a su favor en el período 2005-2010, no fue hasta el 8 de mayo del 2012 que se promulgó una reforma de la Reforma. Para tal fin, la mayoría gubernamental en el legislativo habilitó al presidente Chávez a promulgar por decreto la Ley Orgánica del Trabajo los Trabajadores y Trabajadoras, LOTTT, como se le conoce, con el propósito de eludir el debate legislativo y la participación de las organizaciones de trabajadores empleadores, y legisladores de la oposición en la consulta.

Haciendo abstracción de los aspectos más controversiales de esa reforma, hoy, a más de 4 años de su promulgación, lo cierto es que el Gobierno ha violado la mayoría de sus normas al punto de que la misma es casi letra muerta. Lo más increíble es que dado la incipiente hiperinflación que confronta el país, en lo que fue el propósito principal de la Reforma Laboral de 1997, la recomposición del salario, eliminando la nociva práctica de bonificaciones no computables para prestaciones, utilidades y cobertura de seguridad social, la situación es peor de lo que era cuando en noviembre de 1996 se iniciaron las negociaciones tripartitas.

En efecto, para aquel entonces tan solo el 35% de la remuneración del trabajador era salario y se requerían dos ingresos mínimos en promedio para cubrir la canasta básica. Hoy, con el último aumento por decreto sin consulta tripartita, el salario ha quedado en 30% de la remuneración total y se necesitan por el orden de los 18 ingresos mínimos para acceder a la canasta básica.

En materia de seguridad social los resultados no son mejores. El 30 de diciembre de 2002 se aprobó una Ley Orgánica de Seguridad Social que contemplaba una serie de Regímenes Prestacionales en sustitución de los Subsistemas contemplados en la reforma de 1997. Desde entonces hasta acá en las dos áreas más importantes de la seguridad social; los regímenes de pensiones y salud, no se ha hecho absolutamente nada. Quienes tuvieron a bien frenar estas reformas ni siquiera anteproyectos han presentado antes de desparecer del ámbito legislativo barridos por el rechazo popular.

La reforma de pensiones de 1997 continúa siendo hoy por hoy una reforma visionaria, una demostración de lo que se puede lograr con un eficiente y proactivo diálogo social. Para el momento de esas reformas existían visiones contrapuestas en el mundo sobre las bondades de los sistemas de capitalización individual o beneficios definidos como el adoptado por Chile en 1982, y los sistemas de reparto o contribuciones definidos, adoptados por las socialdemocracias europeas y latinoamericanas desde principios del siglo XX.

El tiempo, las nuevas realidades demográficas y la era de bajos rendimientos de los mercados financieros, en especial los de bonos, han mostrado las bondades y debilidades de ambos extremos, estableciendo un consenso de que una combinación de ambos en sistemas de dos y hasta tres pilares es lo más conveniente. El sistema de pensiones de la reforma de 1997 es precisamente eso; la combinación de las mejores características de ambos sistemas.

De la reforma del sistema de salud poco hay que comentar; la dramática situación del sistema de salud pública venezolana es testimonio de cómo lo que podía haber sido una oportunidad de llevar salud de calidad a todos los venezolanos se convirtió en una pesadilla, como en la que se ha convertido un programa asistencial de ocasión cubanizado que se conoció como *Barrio Adentro*.

Las relaciones laborales y la seguridad social no son las únicas cosas que Venezuela tendrá que reconstruir luego del torbellino destructivo que ha sido el experimento del Socialismo del Siglo XXI.

Las reformas que *Misión Imposible* presenta, ciertamente tienen que ser objeto de actualización, pero representan un punto de partida para iniciar esa reconstrucción. Resulta interesante ver cómo muchos de los que de buena fe se opusieron a ellas, hoy las ven con beneplácito desde una nueva óptica. También es verdad que muchos de los que participaron, y participamos, en aquel proceso hemos tenido convergencias importantes con esas personas.

Si la nueva edición de *Misión Imposible* puede contribuir al debate en un nuevo amanecer del contrato social más importante entre venezolanos, nos sentiremos satisfechos por contribuir al logro de ese objetivo.

Aurelio Fernández-Concheso
Caracas, noviembre de 2016

PRESENTACIÓN A LA
PRIMERA EDICIÓN

En el año 1997 se implementaron reformas trascendentales en el ámbito socio-económico venezolano con la promulgación de importantes modificaciones en la Ley Orgánica del Trabajo en el mes de junio y de una Ley Marco de Seguridad Social en el mes de diciembre.

La promulgación de estas leyes fue la culminación de un tortuoso proceso de más de ocho años durante los cuales sucesivos intentos por impulsar la modernización económica en el campo laboral se estrellaron ante una resistencia, férrea pero comprensible, de los actores sociales a cambios de paradigma que los conducirían por senderos para ellos desconocidos.

A partir de noviembre de 1996 se inició, o mejor dicho se reinició, un diálogo entre el Gobierno, los empresarios y los trabajadores que se denominó "las reuniones tripartitas". El último intento previo de esta índole había concluído, en lo que parecía un fracaso más, escasos diez meses antes, en enero del mismo año. El reinicio de las conversaciones fue recibido, en consecuencia con el más agudo escepticismo no solo por la opinión pública, sino también en particular por una parte importante de la dirigencia política, empresarial y laboral tradicional que había sido partícipe de los intentos fallidos de concertación anteriores.

Contrario a los peores augurios de los expertos en la materia, en escasos cuatro meses de intensas negociaciones al más alto nivel entre las partes, se llegó a firmar un acuerdo conocido como el "Acuerdo Tripartito de Seguridad Social Integral", suscrito en el Palacio Presidencial de Miraflores el 17 de Marzo de 1997. La firma del acuerdo fue recibida con el mismo escepticismo que el inicio de las conversaciones, esta vez dirigidas a la infranqueable resistencia que el mismo encontraría en el Congreso. A pesar de esos malos augurios el acuerdo sobrevivió la prueba intacto para efectos prácticos y fue la base de las leyes promulgadas en junio y diciembre.

Este libro es un intento por documentar las incidencias que rodearon este singular esfuerzo exitoso de concertación social.

Como Primer Vice-Presidente del organismo cúpula empresarial de Venezuela, la Federación Venezolana de Camaras y Asociaciones de Comercio y Producción (FEDECAMARAS), me tocó participar activamente en todas las reuniones de alto nivel de las conversaciones tripartitas y coordinar el equipo negociador empresarial en lo que se conoció como la Comisión Técnica de la Tripartita.

Previamente, como director primero y presidente despúes del Consejo Nacional del Comercio y los Servicios (CONSECOMERCIO), así como director ante Fedecamaras por el sector comercio, fuí partícipe de las conversaciones y de la formulación de las estrategias que condujeron a la última ronda exitosa de negociación.

La reforma laboral y previsional venezolana se produce a dos decadas de las primeras de éstas efectuadas en el continente: la reforma laboral chilena de 1978 y la previsional de 1980. Durante años estas reformas fueron el ejemplo a estudiar por parte de otros países que iniciaban el camino de la modernización de sus estructuras. Ante el innegable éxito de las reformas chilenas los críticos más recalcitrantes, muchos de ellos de buena voluntad, han señalado que las mismas fueron posibles principalmente debido a la existencia de un régimen militar. Cualquiera que haya leído el recuento que de ese proceso hace José Piñera, arquitecto de dichas reformas, se dará cuenta que la autocracia no garantiza para nada el éxito de las mismas, pues las fuerzas reaccionarias son si acaso más poderosas en un régimen de ese tipo.

Las reformas venezolanas son testimonio de que la concertación social también es posible en democracia; aunque esta sea como la nuestra, por demás conflitiva y sujeta a profundas tensiones producto del mal manejo de las variables económicas, si se conjugan determinados factores y si se actúa con una visión estratégica de cómo llegar a lograr la ruptura de paradigmas. También son testimonio de que los momentos para lograr esos cambios, cuando confluyen circunstancias y hombres capaces de hacerlo, son efímeros y, si no se saben aprovechar, sucumben rápidamente ante la resistencia omnipresente de los intereses creados, la falta de imaginación y los pleitos pequeños y personalistas.

Pero me estoy adelantando a lo que, siendo una misión imposible, se convirtió en un cambio que, Dios mediante, sentará las bases para una sociedad más justa, más equitativa y más eficientemente productiva en el siglo que pronto comienza.

Caracas 1 de Febrero de 1998.

PRÓLOGO

La reforma laboral se produce después de nueve años de discusión sobre la materia. El tema fue puesto en órbita en la vida venezolana mucho antes de la Agenda Venezuela, creo que el origen del asunto como problema arranca de la preocupación del sector empresarial en relación con el peso de los pasivos laborales. La primera vez que se hizo un planteamiento público sobre esta materia fue por Fedecámaras, la cual hace varios años postuló la necesidad de reformar el régimen de cálculo de las prestaciones sociales.

Es probable que esa circunstancia, de que haya arrancado así y de una manera unilateral, explica por qué el tema se arrastró a lo largo de tantos años sin ninguna solución por cuanto el sector laboral tendía a ver, con comprensible desconfianza, iniciativas provenientes de la cúpula empresarial. No obstante, en el curso de estos años fueron ocurriendo cosas que crearon el ambiente para que al final se pudiera producir una solución. De qué y cómo sucedieron esas cosas y de cómo las abordó la Comisión Tripartita nos da cuenta Aurelio Concheso. Quizá, con algunos de los juicios de valor puedan tenerse discrepancias, pero hay en la obra un esfuerzo por guardar fidelidad a los hechos y por interpretarlos objetivamente que no puede dejar de ser reconocido. Fue Concheso un protagonista importante del proceso y por ello la crónica que ahora nos entrega será útil para contribuir a fijar la cronología de lo acontecido y la reflexión sobre ello.

La alta inflación que el país ha vivido durante once años consecutivos y los mecanismos —entre otros el de los bonos— que el sector público en tanto que empleador, como el sector privado, fueron inventando para obviar la carga de los pasivos laborales, produjeron una acentuada descomposición del salario como categoría económica y jurídica sin que, por otra parte, ni el sector empresarial ni el sector público dejaran de continuar afectados, así fuera en menor medida, por la carga creciente de los pasivos laborales.

La economía venezolana comenzó a vivir los efectos del problema por sus dos puntas: los vivían los empresarios y el Estado empleador ya que el cálculo económico estaba afectado por la incertidumbre derivada de no saber cuánto costaba exactamente el factor trabajo, mientras se asistía con creciente preocupación a la acumulación de la montaña de pasivos laborales y, por otro lado, los trabajadores que padecían la desintegración exponencial del salario. Ambos sectores se fueron acercando, con base en su propia experiencia, al cabo de los años, a la necesidad de buscar y producir una solución para este problema.

Una vez lanzada la Agenda Venezuela dentro del contexto de sus dos objetivos macroeconómicos; uno, abatir la inflación de manera significativa; dos, crear las condiciones para que el país recupere el camino del crecimiento económico. La cuestión laboral adquirió una urgencia e importancia que hacían inaplazable la atención a ella. Se insertó en la agenda económica que el gobierno lanzó y pasó a formar parte del conjunto de reformas estructurales e institucionales indispensables para reforzar, ya en el largo plazo, el piso estrictamente macroeconómico

Es obvio que la reforma laboral al conducir, por una parte, a la recomposición del salario y, por otra parte, a la creación de un ambiente de certidumbre en el cálculo económico para el empresariado, apunta, por un lado, a recuperar el ingreso real, desde el punto de vista del salario de los trabajadores y, por otro, a flexibilizar el mercado laboral y a liberar al empresariado y al Estado de los efectos de la enorme carga de los pasivos. Se trata, pues, de una de esas reformas perdurables, que marcan a una sociedad durante un largo periodo y cuyos efectos se hacen perceptibles a partir del mediano plazo.

El modo como se pudo llegar a un resultado tiene que ver con la comprensión que finalmente tuvo lugar en las partes respecto a que para poder alcanzar una solución había que producir una gigantesca transacción social. Las tentativas hechas con anterioridad, de buscarle salida al asunto, tropezaban con la visión unilateral de las partes. Los empresarios siempre planteaban el tema en términos de que solo se trataba de reformar el régimen de cálculo de las prestaciones sociales y los trabajadores presentaban la cuestión en términos de que lo pertinente era mejorar el salario. El tripartismo condujo a que las otras partes pudieran apreciar un aspecto que el gobierno puso de manifiesto desde el inicio: el tratamiento unilateral del problema conducía a callejones sin salida, es evidente que se trata de dos aspectos muy relacionados.

La descomposición del salario estaba vinculada a la carga de pasivos laborales, porque aquella, la bonificación de él, era el resultado de los distintos artificios que los empleadores fueron encontrando para aliviar la carga de los pasivos laborales. Por lo tanto, no se podía pensar en la recomposición del salario sin atender el tema de los pasivos laborales sin atender la recomposición del salario.

Una vez que este aspecto pasó a ser cada vez más claro, el acuerdo social comenzó a abrirse paso. En efecto, de eso se trataba, de una gran negociación, de un *quid pro quo,* de un dando y dando que al final fue comprendido por todas las partes. Pero, previamente se había alcanzado un rápido acuerdo –*sine qua non*–, que fue el de enmarcar la reforma laboral dentro del contexto mucho más amplio de la seguridad social, porque era evidente para las partes, y en este sentido, tanto empleadores y trabajadores, como el gobierno, lo plantearon de inmediato.

Resultaba evidente por sí mismo que no se trataba solo de lo rigurosamente salarial en lo relativo a las relaciones salariales entre obreros y patronos, sino que era indispensable superar las circunstancias que llevaron al trabajador venezolano, a lo largo de años, a quedar cada vez más desvalido, dado el colapso de la seguridad social, en particular debido a la enorme burocratización e ineficiencia, así como corrupción del Seguro Social. De manera que, a la discusión sobre la Ley del Trabajo se llegó previo tratamiento del tema de la seguridad social. Fue obvio para todos que el gran telón de fondo de la cuestión salarial y de prestaciones era la seguridad social. Los acuerdos tripartitos comienzan por lo que tiene que ver con la seguridad social, por lo que atañe a la necesidad de reconstruir, literalmente hablando, la seguridad social. Sobre estos aspectos Concheso proporciona interesantes comentarios, respaldados por un sólido conocimiento del tema.

Antes de continuar con este aspecto, vale la pena decir unas palabras sobre el tripartismo. Lo interesante de la reforma venezolana es que ella no ha sido interpuesta por un régimen autoritario ni es el resultado de medidas absolutamente unilaterales e inconsultas por parte del gobierno, sino que ella ha sido adelantada a través del curso de una negociación social prolongada y amplia. El tripartismo es una experiencia democrática muy importante, sobre todo si la proyecta hacia el porvenir.

Alrededor de la mesa de negociaciones se sentaron sectores que, por razones obvias, tienen una visión contrapuesta, en todo lo que les atañe como empleadores y como trabajadores. Visiones que conducen, en no pocas ocasiones, a conflictos y demás visiones que implican comprensiblemente, una tensión permanente entre esos factores. Más aún, son culturas distintas. Es evidente que la óptica de los empleadores, incluyendo al Estado como tal, respecto a estos problemas, es distinta a la óptica de los trabajadores.

De manera que se trata de ir conciliando culturas distintas, ópticas diferentes, sobre problemas también conflictivos muchas veces. La única manera de que el asunto resultara productivo era a través del diálogo social propiciado por la experiencia tripartita. La confrontación de opiniones, a veces un tanto tormentosa, pero procesada alrededor de una mesa común, el tratamiento conjunto de los espinosos asuntos que están implicados en la reforma laboral y en la de la seguridad social, demostraron en nuestro caso una incuestionable fecundidad.

Se trata, de una experiencia democrática sumamente fértil. Ha sido mediante ella como se pudieron producir, no solo los acuerdos que se plasmaron en la reforma de la Ley Orgánica del Trabajo, sino aquellos que han llevado a la aprobación de la Ley Marco de Seguridad Social. Asimismo, aquellos que habrán de conducir hacia la aprobación de la Ley para Fondos de Salud y de la Ley para el Seguro de Paro Forzoso. También otras que están comenzando a elaborarse y son las que tienen que ver con la política habitacional para los sectores trabajadores, la política de recreación y las políticas de formación y capacitación.

Estos proyectos de leyes están siendo trabajados por comisiones tripartitas. Desde luego, la Tripartita no sustituye al Congreso ni podría pretender tal cosa. Es obvio que la tripartita posee, en cierto modo, un carácter corporativo, contradictorio con la naturaleza plural y diversa de la sociedad, expresada en la democrática conformación de su órgano parlamentario. Pero, estando esto claro, la articulación y cooperación entre Parlamento y Tripartita han proporcionado una inestimable experiencia de creación de acuerdos sociales y políticos, esenciales para la estabilidad y gobernabilidad del país.

La seguridad social es uno de aquellos aspectos de la vida en sociedad que debe tener el Estado como pivote fundamental. La seguridad social no es algo privatizable, sin obviar que algunos de sus actores puedan ser privados. Pueden existir formas de seguridad social privadas, llevadas por el sector privado, pero la columna vertebral de la seguridad social es un asunto público. La existencia de instituciones que presten atención médica a la población trabajadora y a la población en general, la existencia del fondo de pensiones público, el seguro de paro forzoso, las políticas de capacitación o de vivienda, conforman obligaciones a las que el Estado no puede ni debe renunciar, sin desmedro de que entes privados puedan asumir algunas de ellas.

Creo que la concepción que conduce a la mayor equidad y justicia social es aquella que hace del Estado el agente fundamental de la seguridad social. La idea peculiar que algunos tienen de que el mercado puede arreglar este punto es incorrecta. Es evidente sí, que ninguna burocracia estadal puede sustituir al mercado en el cometido de atribuir con la mayor racionalidad posible los recursos económicos de la sociedad. Pero también es verdad que la lógica del mercado es darwiniana, es la lógica de la sobrevivencia del más apto; el más apto en materia económica es el más rico, el más poderoso. Por supuesto que, si a una sociedad cualquiera, no solo en lo económico sino en la educación, en la salud pública, en la seguridad social, en la justicia, sea liberada a la pura acción de las leyes del mercado, la lógica de esto conduce a que haya educación solo para los ricos, salud para los ricos, seguridad social para los ricos que la puedan pagar, y así en general.

Es obvio que el mercado tiene un ámbito en el que su acción es indispensable. No se puede pensar en una economía en la cual no se atienda a las señales del mercado. La experiencia universal sobre esto ya no deja lugar a dudas. Esa es una cosa, pero otra es imaginar que todas las esferas de la vida social puedan estar regidas por las leyes del mercado. La esfera de la seguridad social necesita, precisamente, este representante superior de los intereses generales de la sociedad que es el Estado, para asegurar que la equidad y la justicia en la prestación de determinados servicios a la población sea la más amplia posible.

En este sentido, es evidente que si la atención médica a la población trabajadora fuera regida por la lógica del mercado, ella difícilmente iría más allá de los que pueden pagar, en el sentido más comercial de la palabra. Es evidente, por ejemplo, que la necesidad de existencia de un Sistema de Seguridad Social que tiene como uno de sus aspectos esenciales la prestación de atención médica a la población, nos hace entender que las instituciones de prestación de esa atención deban ser públicas.

El financiamiento tiene que surgir de las contribuciones de los trabajadores y empleadores, pero el fisco no puede ser ajeno a esto. La política general de seguridad social es una atribución del Estado, aparte de que la presencia del tripartismo en los organismos de administración sea necesaria y, por ende, conveniente que participen en esta, trabajadores y empleadores, pero la atribución que corresponde al Estado de regir el sistema es innegable. De manera que todo el edificio de seguridad social debe apoyarse en el rol prominente del Estado como agente de aquella, independientemente de que sus órganos cuenten con participación, incluso con mecanismos de toma de decisiones que incorporen a trabajadores y a empresarios. Es conveniente que, en los consejos directivos, o como quiera que se llamen los órganos de conducción de los distintos segmentos o subsistemas de la seguridad social, participen empleadores y trabajadores. Pero es evidente que la coordinación de todo eso y la conducción y responsabilidad final de todo el sistema debe estar en el Estado.

Por lo demás, desde el punto de vista de la seguridad social, si todo lo que se está haciendo para crear un piso jurídico sobre el cual se levante el edificio de la seguridad social se plasma en hechos, este país podrá, tal vez, terminar el siglo XX con instituciones, en este campo, bastante modernas. De modo que, si este esfuerzo conduce a que el país tenga un sistema de Seguridad Social que proteja a los trabajadores y, en la medida en que se amplíe, a todos los ciudadanos frente a las contingencias de enfermedad, invalidez, vejez o muerte, estaremos dotando al país, a la sociedad, de otra cara de la moneda.

De esta forma se ofrecerá la faz de seres humanos que no deben ser vistos como engranajes del sistema productivo sino como seres con necesidades reales de tipo que van desde vivienda, que es el ámbito de la realización familiar, hasta el salario mismo, pasando por todos aquellos aspectos que tienen que ver con atención a la salud, a la recreación y a la pensión. Si el trabajador venezolano contara con todo esto, ello se reflejaría no solo en una mayor productividad –aspecto cuya importancia se podría exagerar– sino, sobre todo, en la conformación de una sociedad mejor. En definitiva, con un ciudadano menos dejado a la buena de Dios y, por tanto, más capaz de sacar partido plenamente de todas sus potencialidades.

Por supuesto, tenemos que estar atentos a algunos de los problemas que se están presentando en esos países donde la seguridad social es tan importante como, por ejemplo, los países europeos. Tenemos que cuidarnos de no compatibilizar la necesidad de proteger a la población con la necesidad de que el sistema sea permanentemente y no que, en un momento, dado llegue a un cuello de botella porque se haya hecho tan costoso que termine por gravitar sobre el presupuesto público y contribuya al déficit, por tanto, a la inflación y al desempleo. Creo que el estudio de otras experiencias históricas resulta útil a los fines de crear un sistema moderno, pero que al mismo tiempo pueda ser perdurable y perfectible a lo largo de los años.

En lo que atañe a la estricta reforma laboral, sus efectos los vamos a ver en el mediano plazo. En lo inmediato, el efecto es el de recomponer el salario, mejorar el ingreso real de los venezolanos, eliminar ese mecanismo perverso de la bonificación, que ha reducido el ingreso del trabajador, al realizar el cálculo de las incidencias salariales excluyendo del ingreso los bonos "no imputables", como reza la jerga, ni a prestaciones ni a ningún otro efecto. Este efecto inmediato, acompañado de lo que en el mediano plazo vamos a ver, es un aparato productivo que puede trabajar con mayor certidumbre, desde el punto de vista del cálculo económico, debe en términos generales, conducir a una mejora de la eficiencia económica del país y de la productividad, a un aparato productivo más eficiente y fecundo, con un trabajador mejor pagado.

Al llegar a este punto y aprovechando la generosidad de Concheso, quiero añadir algunos comentarios sobre el sindicalismo venezolano.

Nuestro sindicalismo se ha venido revisando a sí mismo. Pienso que, en una medida importante, la CTV se ha relegitimado ante los ojos de una parte de la población trabajadora. Esta CTV no es la misma de hace algunos años, en la cual los casos de corrupción eran evidentes, obscenos. Creo que estamos en presencia de una organización laboral que ha recuperado algunos de los viejos valores, pero tiene todavía retos muy grandes por delante. El país necesita un fuerte sindicalismo. Estas reformas no están dirigidas a destruir el movimiento sindical sino todo lo contrario.

Una sociedad en la cual los trabajadores no cuenten con su propia organización movilizadora, es una sociedad marcada por relaciones de mercado. Es necesario no solo que el Estado actúe como agente que lima las asperezas más cortantes de las leyes de aquél, sino que precisa una fuerza sindical que en el propio sector privado sea la contraparte de la organización empresarial, de la patronal para que, la dialéctica misma de estas relaciones pueda, entonces, conducir a un grado de equilibrio social mayor que el actual. Por ejemplo, siento que este vacío que existe en la esfera privada de la economía, desde el punto de vista sindical, no ha sido bueno para el país.

En el sector privado, el grado de sindicalización es mucho menor, la presencia sindical es más opaca. Esto da una ventaja indebida al sector empresarial porque no hay una contraparte sindical fuerte que promueva las reivindicaciones laborales con mayor eficiencia. No es este el lugar para intentar una explicación de este hecho, solo lo registro y confío en que pueda ser superado. Me gustaría ver un sindicalismo más activo, con un grado mayor de organización y de sindicalización en la esfera privada.

Por otra parte, si bien en el sector público la sindicalización es casi total, también es cierto que, a lo largo de muchos años, el clientelismo partidista y sindical condujo a una perversión y distorsión del propio sindicalismo, desarrollando una visión corporativista en el mundo sindical que ha afectado de forma negativa tanto al país como al sindicalismo. Una nueva agenda sindical debe plantear la vuelta al espíritu *misionero,* si cabe llamarlo así, de los tiempos heroicos, para organizar a millones de trabajadores no encuadrados hoy y sometidos a toda clase de arbitrariedades.

Asimismo, debe hacer una revisión de su acción en el sector público para superar ese sindicalismo *golillero* e irresponsable que se conformó a lo largo de años de bonanza petrolera, durante los cuales, gobernantes y sindicalistas, llevaron a extremos aberrantes esa variante del populismo que consiste en concebir al Estado como una piñata inagotable a la cual darle palos, más que para beneficio de los trabajadores, para beneficio de una casta de dirigentes sindicales deformada por tan prolongado periodo de estas prácticas.

Como conclusión, creo que todo el conjunto de reformas que están planteadas en el país, de carácter institucional y estructural, no excluyen, sino que incluyen prominentemente la necesidad de un fortalecimiento laboral venezolano.

En resumen, el empresario y dirigente gremial que es Aurelio Concheso, quien, además, asume el reto de reflexionar por escrito y de asumir los riesgos que ello comporta, nos ha proporcionado un libro significativo que, por más de una razón, contribuirá a una mayor comprensión del proceso que condujo a la memorable reforma laboral venezolana.

Teodoro Petkoff

CAPÍTULO I
LA MUERTE DE LOS PARADIGMAS

El fin y el principio

A los gobernantes venezolanos les gusta celebrar un ritual protocolar cuando perciben que una actuación determinada de su administración puede presentársele como un logro a la ciudadanía; este ritual consiste en reunir a los representantes de lo que se conoce como "las fuerzas vivas" de la Nación en el Salón Ayacucho del Palacio de Miraflores. El gobierno del presidente Caldera no ha sido ajeno al uso de ese recurso, más bien lo ha empleado con mayor frecuencia que sus antecesores recientes.

El cónclave que se reunía en el Salón Ayacucho aquél mediodía del 17 de marzo de 1997 lo hacía para ser testigo presencial de un evento inédito en las relaciones socioeconómicas venezolanas. El acuerdo, que aquél día firmaban los represéntes del sector empresarial, del sector laboral y los ministros del trabajo y la economía a nombre del Gobierno Nacional, no tenía precedentes en los mecanismos de formulación de políticas públicas en el país.

Luego de laboriosas negociaciones que habían durado cuatro meses, con la firma del acuerdo que ese día se subscribía, se rompían paradigmas que durante buena parte del siglo XX condicionaron el comportamiento de la sociedad venezolana, tanto en materia de relaciones laborales como en lo referente a la seguridad social.

Como para ratificar la validez de la frase del presidente Kennedy ante el fiasco de Bahía de Cochinos en 1961, cuando comentó que: "la victoria tiene cien padres, pero la derrota es huérfana", el Salón Ayacucho presentaba un lleno de bandera. Habían acudido a la cita, con o sin invitación, todos los que aspiraban a dejarse ver e identificar "su condición indiscutible de líderes" con la exitosa iniciativa. Irónicamente, entre los antiguos dirigentes y "consejeros" empresariales, los que más habían adversado a quienes nos habíamos propuesto conseguir logros concretos eran los que mayor esfuerzo hacían por ubicarse en posiciones "ponchables" por las televisoras y de acercarse a los reporteros con la esperanza de que le pidieran una "declaracioncita" que los identificara con el triunfo.

Del lado político la perplejidad resultaba evidente, era obvio que nos hallábamos en un momento que, para los guardianes del *sistema,* escapaba a su comprensión por la diferencia con la forma en que siempre se habían hecho las cosas. En su esquema mental no cabía la posibilidad que actores de la sociedad civil, como trabajadores y empresarios, pudieran llegar a un acuerdo histórico de semejantes proporciones sin que mediaran en el proceso su protagonismo en los consabidos cónclaves cupulares, las reuniones políticas entre gallos y medianoche, los *cuadres* y las reparticiones de cuotas de poder partidista en el nuevo esquema de cosas. El desasosiego era solo momentáneo, porque en sus miradas se veía claramente su convencimiento de que: "ya vamos a poner las cosas en su lugar como siempre ha sido y debe seguir siendo".

Como para completar el cúmulo de ironías y simbolismos, quien presidía el acto, el presidente Rafael Caldera, era la misma persona que 61 años antes había iniciado casi solo la entrada de Venezuela al siglo XX en materia laboral, como artífice de la primera Ley del Trabajo, promulgada en 1936 y redactada por él. Quizás esto era inevitable, pues al igual que tuvo que ser Nixon el que negociara el acercamiento norteamericano con China comunista, y un peronista como Menem el que desmontara el capitalismo de estado populista en Argentina, ¿quién mejor que Rafael Caldera para presidir el establecimiento de un nuevo modelo en materia de relaciones laborales y seguridad social en Venezuela?

El lento proceso hacia la inviabilidad

Es un hecho comúnmente aceptado que en muchos aspectos Venezuela entró de manera tardía al siglo XX. La larga dictadura de Juan Vicente Gómez tuvo, como todo Gobierno, virtudes y defectos. A la par que la misma logró desterrar el caudillismo regional de caciques con montonera que mantuvieron al país sumido en el atraso durante buena parte del siglo XIX, el férreo estilo personalista del general desestimuló la consolidación de instituciones públicas y, en particular, aisló al país de las corrientes más importantes de desarrollo social.

Por ese motivo, la Ley Orgánica del Trabajo que se promulga en 1936 como primer intento de codificar las relaciones obreras patronales, visualizaba una relación paternalista entre el trabajador y la empresa donde laboraba. Ese paternalismo patronal exacerbado tiene, a nuestro modo de ver, dos razones fundamentales:

La primera es que, para la fecha, contrariamente a lo que ya había sucedido en la mayoría de los países de Occidente y en los más avanzados del continente, en Venezuela no existían instituciones públicas de seguridad social capaz de extenderle esos servicios a los ciudadanos.

La segunda es que la industria marcadora, por así decirlo, de los contratos obreros patronales era la industria petrolera. Esta industria, como toda actividad extractiva, tiene sus principales bases de operación a distancias considerables de los centros urbanos donde existen servicios públicos, en consecuencia, se siente obligada a proveer una serie de servicios complementarios en aras de la productividad y calidad de vida de sus trabajadores, que normalmente no formarían parte de la relación contractual laboral.

El sesgo generado por estas realidades hace de un contrato obrero patronal venezolano una verdadera cornucopia de cláusulas no salariales como: útiles escolares para los hijos, bolsas de comida y regalos en Navidad, permisos remunerados de diversa índole, cláusulas de asistencia médica, becas o primas por muerte de familiares de lejanos grados de consanguinidad, nacimientos, matrimonios, separación y casi cualquier actividad extralaboral imaginable a la que se dedique el ser humano.

De todas esas cláusulas la más importante y, la que inevitablemente se convertiría en prototipo, era la relacionada con el denominado "auxilio de antigüedad y cesantía por años de servicio" que llegó a conocerse como "prestaciones sociales". Al no existir un sistema universal de pensiones y retiro, con el tiempo el vacío producido lo llenarían estos auxilios, a pesar de que, con toda seguridad, esa no era la intención inicial.

Por otra parte, el auxilio de antigüedad, retroactivamente calculado y liquidado de forma doble, considerado "derecho adquirido", no surgió, como Venus de las aguas, codificado en el momento de su puesta en vigencia. El mismo fue adquiriendo su condición a través de sucesivas aproximaciones que lo fueron solidificando como derecho y, lo que es más importante, fijándolo en la mente de los trabajadores como infranqueable conquista. [1]

Este proceso fue ayudado de manera significativa, como ya mencionamos antes, por la ausencia de un sistema de pensiones, sobre todo, a medida que el sistema previsional que se implantó por fin, comenzara a colapsar sin producir los beneficios esperados.

No es el propósito reseñar aquí todas y cada una de las iniciativas legales que fueron ampliando el derecho adquirido de lo que se llegó a conocer como "las prestaciones sociales" sino más bien transmitir la idea de la gran carga emotiva que rodeaba este tema en la mente de los trabajadores y, en consecuencia, la dificultad para abordarlo de manera racional. Es interesante señalar cuatro hitos en el desarrollo de ese derecho que contribuyeron de manera particular a hacer al mismo inviable.

El primero de ellos nos remonta casi 25 años a los inicios del primer gobierno de Carlos Andrés Pérez y al torbellino de medidas con que se iniciaba la marcha a la "Gran Venezuela". Entre esas medidas que, emulando la *Great Society* de Lyndon Johnson, pretendían resolver todos los problemas sociales de una vez, se encontraba el establecimiento, por ley, de la inamovilidad absoluta de los trabajadores del sector privado, tal y como existía en la legislación española, entre otras.

Semejante iniciativa causó justificado pánico entre los empresarios privados, pues la misma se visualizaba como una garantía para llevar a la economía venezolana a niveles insospechados de improductividad. La reacción empresarial fue de lógica preocupación y rechazo. El entonces presidente de Fedecámaras, Alfredo Paúl Delfino, lideró una campaña pública en oposición a la medida que creó preocupación en las filas del Gobierno. Lamentablemente, las posibilidades de influir sobre las políticas públicas eran muy limitadas en aquel entonces, sobre todo ante un Estado que a pasos agigantados se convertía en todopoderoso por el auge de los precios y de la estatización de las actividades productivas petroleras.

La solución que surgió del seno del gobierno fue, no que se implantara la inamovilidad absoluta, sino que se estipulara que a quien se le despidiera sin causa justificada se le liquidara el doble de las prestaciones sociales que tenía acumuladas en su haber.[2] No se necesitaba ser un Steve Covey o un profesor Deming para predecir que un sistema que incentivara al trabajador a "manguarear" para que lo liquidaran doble no era la mejor manera de promover la eficiencia económica. Pero las fuerzas del populismo estaban desatadas en aquel año de 1974 y la medida pasó por sobre las protestas de las voces más acuciosas. [3]

El segundo gran desaguisado se produce en 1983 cuando la Corte Suprema de Justicia sentencia a favor de una empresa a la cual le habían incoado un juicio laboral por haber liquidado las prestaciones de su trabajador en función de lo que ganaba al final de cada uno de sus años de servicio. La Corte dictaminó que esa forma de cálculo se encontraba ajustada a derecho. De inmediato se formó un tremendo revuelo en el movimiento sindical y, en lo que sin duda es un tiempo récord para la aprobación de un instrumento legal, al menos en Venezuela, bajo la presión de sus fracciones sindicales, los partidos aprobaron una modificación de la Ley Orgánica del Trabajo para no dejar la más mínima duda que el cálculo de liquidación de las prestaciones sociales se haría en atención al último sueldo devengado por el trabajador. [4]

Finalmente, el tercer gran error en esta materia lo cometen el Congreso y el segundo Gobierno de Carlos Andrés Pérez al colocarle el ejecútese a la nueva Ley Orgánica del Trabajo en 1991. En efecto, de regreso del capitalismo de Estado populista –al menos en su retórica– el gobierno de CAP II había iniciado una serie de reformas modernizadoras que a la sazón implantaba un grupo de competentes tecnócratas liderados por el Ministro de Planificación, Miguel Rodríguez Fandeo.

Totalmente desconectados del partido de gobierno y del mundo político en general, a los cuales Pérez les había garantizado que él sabía manejar, los tecnócratas del gabinete económico no vieron venir la curva que, en términos beisbolísticos, les picheó el Congreso con la reforma de la Ley del Trabajo, que desde 1985 venía coordinando el entonces senador vitalicio Rafael Caldera.

Muchas de las estipulaciones de la reforma eran conflictivas e inconvenientes, pues codificaban relaciones del pasado en un mundo que cambiaba drásticamente en cuanto a la naturaleza de las relaciones laborales. Sin embargo, un hecho importante pasó casi inadvertido en el momento de ponérsele el ejecútese a la nueva ley: a los trabajadores del sector público –que hasta el momento no tenían derecho a prestaciones sociales por gozar de otros beneficios iguales o superiores producto de la Ley de Carrera Administrativa– se les reconocía un derecho a prestaciones sociales igual que a los trabajadores del sector privado.

De la noche a la mañana, sin que mediara debate público ni análisis costo beneficio, ni mucho menos una indicación de dónde saldrían los fondos para servir ese gigantesco pasivo, hasta ese momento inexistente, la deuda pública, que en el futuro tendríamos que pagar todos los venezolanos se había aumentado por varios órdenes de magnitud.

La cuarta eventualidad, que contribuiría a la inviabilidad del sistema que se había construido, era la inflación galopante que se enquistó en la economía venezolana a partir de 1987, año en que por primera vez este indicador excede el 30 % para no volver a bajar de esos niveles, sino más bien excederlos durante la década subsiguiente.

Los especialistas más entendidos nos dicen que la inflación es un fenómeno monetario y, sin duda, están en lo cierto. Una explicación más cruda, y más ajustada a la verdad, es que la inflación es el mecanismo que utiliza quien tiene el *Derecho de Señorío* [5] en la producción de moneda nacional (el Estado) para licuar sus pasivos (entiéndase pagarles a sus deudores, entre los que se encuentran los ahorristas y pensionados, con monedas de menor valor) y posponer las decisiones políticamente dolorosas de disciplina fiscal que reestablecerían la estabilidad de precios.

Durante décadas, Venezuela exhibió uno de los comportamientos inflacionarios más envidiables del mundo: ¡en los 28 años que median entre 1945 y 1973 la inflación acumulada del país fue inferior a la que se experimentó en los primeros seis meses de 1996! Esto, en un ambiente de crecimiento substancial y ante un cúmulo de *shocks* externos e internos como guerras, revoluciones y golpes de Estado, entre otros hechos. En 1970, por ejemplo, la inflación de todo el año fue de solo el uno por ciento, muy inferior a la de Estados Unidos en ese año.

En ambientes de precios estables algunas de las estipulaciones que se le habían incorporado a la forma de cálculo de las prestaciones sociales tenían un efecto insignificante sobre los resultados económicos de las empresas. Sin embargo, al desatarse la inflación galopante como constante en la economía las cosas cambiaban.

Ya no se trataba de una corrección en atención a los aumentos por méritos que de por sí era onerosa, sino de un pasivo impredecible y creciente que gravitaba sobre la nómina y que, en particular, se aplicaba a los trabajadores con mayor tiempo de servicio en la empresa. Para el trabajador, por otra parte, al ver cómo la inflación erosionaba su capacidad de generar ingresos y esfumaba sus ahorros, aferrarse a la posibilidad de una doble indemnización, que en un momento recuperara su capacidad de ingresos, lucía como la mejor tabla de salvación. Ciertamente el sistema navegaba hacia un naufragio y era solo cuestión de tiempo que la crisis se presentara como inmanejable.

Seguridad social, de inexistente a colapsada

En noviembre de 1995 José Piñera Echenique, exministro del Trabajo y padre de las reformas laboral y previsional chilenas, visitó nuestro país, por primera vez. Piñera había venido atendiendo a una invitación de un foro de los muchos que en ese entonces se celebraban sobre el problema de la seguridad social. A mí me tocó no solo compartir con él como panelista en dicho foro, sino acompañarlo tanto en una charla que diera en el Centro de Divulgación del Conocimiento Económico (CEDICE), del cual yo era para ese entonces vicepresidente, como al Comité Ejecutivo de Fedecámaras, donde también habló.

El invitado me manifestó que había hecho espacio en su apretada agenda porque quería ver de primera mano cómo un país con tan abundantes recursos había logrado meterse en tanto problema. Un de las cosas que Piñera no alcanzaba a comprender era por qué en nuestro debate público ligábamos de manera tan íntima el tema de la seguridad social con el de las prestaciones sociales. El poder formularle una respuesta coherente a esa inquietud me obligó a reflexionar y analizar más a fondo esa realidad que, al parecer, no se ha manifestado en otros países de Latinoamérica que han emprendido reformas como las que nos ocupan.

Sin duda, la razón por la cual en Venezuela hayan estado tan íntimamente ligados estos dos temas tiene que ver, al igual que con la legislación laboral, con la forma en que se desarrolló la seguridad social en nuestro país, en comparación a como se hizo en otras partes del mundo.

La seguridad social pública remonta sus orígenes a lo que en esa materia implementara el canciller Bismarck en la Prusia de fines del siglo XIX. El capitalismo manchesteriano, con el que se había desarrollado la revolución industrial a lo largo del siglo XIX, había generado profundas iniquidades que dejaban a los trabajadores en un estado de indefensión permanente en cuanto a sus necesidades más básicas de asistencia social en materia de asistencia médica y retiro de vejez, iniquidades que no llegaba a compensar la caridad privada.

Parecía lógico que la respuesta a esta situación fuera la prestación de los servicios sociales bajo la supervisión y la ejecución del Estado. A partir de la iniciativa bismarckiana, en particular, luego de terminada la Primera Guerra Mundial casi todas las sociedades del mundo occidental establecieron sistemas de seguridad social pública. Los que no lo habían hecho, o tan solo lo habían hecho de manera parcial, terminaron de implementarlos como respuesta al caos económico de la Gran Depresión durante los primeros años de la década de los treinta.

América Latina no estuvo ausente de esta ola reformista en materia de seguridad social: países tan diversos como Argentina, Chile, Colombia, Cuba, Uruguay y México, entre otros, montaron programas con distintos niveles de cobertura a partir de los años veinte.

Venezuela fue uno de los pocos países que permaneció ausente de esas corrientes, pues no es hasta 1945 cuando se establece el Instituto Venezolano de los Seguros Sociales. En un inicio el IVSS se dedica exclusivamente a la prestación de servicios de salud y no es hasta 1968 cuando se establece un sistema de pensiones de vejez.

Al instituir un sistema previsional –o de pensiones– existen solo contribuyentes. No hay pensionados hasta que el sistema comienza a "madurar" (término utilizado para indicar el momento en que empieza a haber contribuyentes con derecho a pensiones), normalmente a los 15 años de su inicio cuando el sistema se pone a prueba al aparecer los primeros pensionados por vejez. En términos prácticos esto significa que en Venezuela el primer pensionado por vejez no aparece sino hasta 1983, unos cien años después de que Bismarck estableciera la seguridad social pública en Prusia.

Para desgracia de los usuarios del sistema, este comenzó su colapso justo cuando se vio obligado a dar un servicio integral. En capítulos subsiguientes analizaremos con más detenimiento la naturaleza y las causas de ese colapso, pero lo verdaderamente significativo de reseñar aquí es que, justo en el momento en el que el sistema de pensiones tenía que actuar como un sustituto del concepto paternalista empresa-trabajador, la inoperancia del mismo hizo que los trabajadores venezolanos se aferraran aún más a sus prestaciones sociales, visualizándolas como el único método confiable para guardar algo para su vejez.

Notas al capítulo I

[1]. Ver Luis Alfredo Araque Benzo, *Prestaciones sociales, posibles alternativas,* publicado por Escritorio Araque, Reyna, De Jesús, Sosa, Viso, Pittier & Hinestrosa, diciembre de 1993.

[2]. Decreto Ley Contra Despidos Injustificados del 8-8-74, ref. *opus cit.*

[3]. Quedó una impresión errónea que, integrantes del gabinete de Pérez se encargaron de propagar, en cuanto a que la *solución* de la doble indemnización había sido propuesta por los empresarios. Lo cierto es que en aquel entonces los políticos no estaban acostumbrados a la férrea oposición empresarial que se presentó y apresuradamente cocinaron esa alternativa, que no solo no fue consultada, sino que ni siquiera fue informada al sector empresarial antes de incluirla en el Decreto Ley. Estas incidencias me fueron relatadas de manera directa por Alfredo Paúl Delfino.

[4]. Sentencia de la Corte Suprema de Justicia del 21-4-83, Reforma de la Ley del Trabajo del 12-7-83, ref. *opus cit.*

[5]. Se conoce como Derecho de Señorío *(Right of Seniorage)* la potestad que tienen los Gobiernos de imprimir dinero. En las economías modernas ese derecho va más allá de la mera impresión de billetes o acuñación de monedas y se manifiesta de diversas maneras, algunas solapadas, de crear lo que se denomina "dinero inorgánico" o sin respaldo real.

CAPÍTULO II
MARCHAS Y CONTRAMARCHAS

El Gobierno de Carlos Andrés Pérez, que se juramentó el 2 de febrero de 1989, llegaba al poder con una misión radicalmente opuesta a la que caracterizó a su primera administración. Si bien en el calor de la campaña electoral Pérez no había asomado la ruptura radical con la forma tradicional de hacer las cosas que tenía en mente, para el momento del cambio de Gobierno quedaba claro que el sistema imperante no aguantaba más y que algo había que hacer para transformar la economía venezolana.

Múltiples eran las transformaciones que se requerían, y lucía difícil, cuando no imposible, establecer un cronograma viable para el cúmulo de cambios requeridos. En ese ambiente huracanado la reforma laboral no era una prioridad del Ejecutivo y, si algún interés había en la reforma de la seguridad social, era fundamentalmente porque el sector salud sufría un deterioro de sus niveles de servicio que de alguna manera se aspiraba a revertir.

Prestaciones en la picota

En el sector privado las tensiones que generaban los cambios habidos en el sistema de prestaciones sociales en una economía inflacionaria y la perspectiva de una inusitada inflación de 80% para el año 1989, comenzaban a hacer sus estragos. Además, quienes habíamos tenido la oportunidad de entrar en contacto con las reformas estructurales implementadas en Chile y con el efecto saludable de las mismas para la economía de ese país, comenzábamos a buscar fórmulas que permitieran corregir el problema.

A partir de 1985 la dirigencia empresarial había venido haciéndole seguimiento a los cambios en la Ley Orgánica del Trabajo que se gestaban en una comisión especial del Congreso presidida por el expresidente

Caldera. La nueva ley aspiraba a codificar las relaciones laborales en una suerte de gigantesco contrato colectivo que en muchos aspectos era lo contrario de lo que necesitaba una economía en imperiosa necesidad de modernizarse, pero las fuerzas políticas que la impulsaban irremisiblemente hacia su aprobación rebasaban con creces la capacidad de los empresarios de influir en los acontecimientos.

Las admoniciones de los empresarios y las detalladas observaciones hechas en las audiencias de la comisión eran, en palabras de Roger Boulton, presidente de Consecomercio desde 1987 hasta 1989 y uno de los principales negociadores privados, "escuchadas, pero no oídas, y mucho menos tomadas en cuenta".

El tema de las prestaciones sociales era solo una parte de la diversa problemática del seguimiento legislativo del proyecto de ley por parte del empresariado. A los fines de que ese seguimiento, coordinado por Fedecámaras, fuera lo más efectivo posible, el presidente de la institución a partir de 1987, Hugo Fonseca, había encomendado distintas tareas a organismos empresariales específicos.

Es así como le correspondió a la Cámara de Comercio de Caracas, la decana de las instituciones empresariales venezolanas, ocuparse de lo relacionado con la modificación de las prestaciones sociales en el esfuerzo concertado que se desplegaba.

La CCC, más que una cámara de comercio en sí, era para ese momento una suerte de quintaesencia del mundo empresarial venezolano, pues en su directorio se sentaban banqueros, industriales, dueños de medios de comunicación social, ejecutivos petroleros, profesionales de la auditoría y, desde luego, comerciantes de los principales grupos económicos.

Bajo la presidencia de Luis Fernando Sánchez, la CCC tomó a pecho la misión encomendada y se abocó a diseñar una propuesta que cambiara radicalmente la situación de las prestaciones sociales. El corazón de la propuesta era la eliminación del cálculo retroactivo de este beneficio (o recálculo, como les gustaba llamarlo los técnicos del sector laboral), a cambio de un incremento inicial del ingreso del trabajador y el establecimiento de un sistema de pensiones de capitalización individual, modelado sobre el exitoso sistema chileno.

La Cámara les encomendó a dos de sus directores, Eduardo Gómez Sigala, jefe de la División de Alimentos del Grupo Polar, y Andrés

Espiñeira, socio de la prestigiosa firma de auditoría Espiñeira Sheldon y Asociados, la presentación de la propuesta en diversas instancias, tanto empresariales como políticas y laborales.

Las reacciones iniciales a lo que proponía la CCC eran esperanzadoras, sobre todo porque, a nivel del Ejecutivo, los rectores de la política económica veían con beneplácito un cambio que podía establecer las bases de un mercado de capitales amplio, partiendo del sistema de pensiones de capitalización individual y, a nivel de las empresas, porque se visualizaba, por fin, una luz al final del túnel en un tema que cada vez se hacía más espinoso.

Pero las resistencias no tardaron en manifestarse, en particular las provenientes del movimiento sindical en la voz de la Confederación de Trabajadores de Venezuela. La CTV atravesaba por una severa crisis de liderazgo que se encontraba en plena evolución. La experiencia desastrosa del Banco de los Trabajadores, Coracrevi y demás instituciones empresariales con que la CTV había tratado de emular al Histradut israelí [1] habían terminado en quiebras, escándalos y acusaciones de corrupción que se encontraban en pleno apogeo. Antonio Ríos, presidente de la institución y asediado como estaba por acusaciones a derecha e izquierda, no era precisamente la persona indicada para conducir al movimiento obrero venezolano hacia un cambio tan radical como este.

Luis Fernando Sánchez y su equipo negociador hicieron encomiables esfuerzos en reuniones en *petit comité* con el doctor Caldera, el CEN de AD y, por supuesto, Antonio Ríos. Pero lo que se suponía que eran negociaciones discretas, apartadas de la luz pública, fueron "reventadas" por el propio Ríos cuando le filtró a la prensa, por medio del periodista de *El Universal,* Wilfredo Mejía, lo que el empresariado proponía.

En retrospectiva, ese primer intento de vender la propuesta de la CCC de manera casi solapada, sin difundirla ante la opinión pública, estaba condenada al fracaso por la gran capacidad de manipulación informativa de que gozaban los factores políticos enemigos de la reforma. La Cámara entonces cambió su táctica y decidió ir directamente a quien era el beneficiario de las reformas planteadas: el trabajador venezolano.

Siguiendo la costumbre de renovación bianual de autoridades practicado por los organismos empresariales principales del país, la presidencia de la CCC había pasado a Carlos Bernárdez, por ese entonces presidente del Banco de Venezuela. Con la anuencia de Fedecámaras, para que la campaña se hiciera en su nombre, la Cámara de Comercio arbitró los recursos parar una campaña televisiva en la que al trabajador se le explicaban las bondades de la reforma de manera gráfica. El lema de la campaña era "trabajador, tú decides, ¡no dejes que otros decidan por ti!".

Era la primera vez que el empresariado conectaba de manera directa con la ciudadanía mediante un mensaje poderoso de cambio social, táctica que años después pondríamos a buen uso para provocar el inicio de la Tripartita. Los resultados iniciales eran sorprendentemente favorables y parecía que se había escogido el camino correcto.

Por desgracia el éxito del mensaje fue también el germen involuntario de su fracaso. La CTV, preocupada de cómo la comunicación directa con los trabajadores estaba cambiando la matriz de opinión, acudió al presidente Pérez para que éste hiciera que la campaña cesara. Pérez, a su vez, se dirigió a Fedecámaras pidiéndole que retiraran del aire las cuñas.

Basándose en el hecho de que el mensaje era a nombre de Fedecámaras y, ante el aparente temor de un enfrentamiento con el Ejecutivo, se le solicitó a Bernárdez que retirara la cuña del aire. Este infortunado retiro retrotraía las discusiones al esquema de encuentros cupulares en donde las ideas de cambio tienen todas la de perder.

El Gobierno había prometido un proyecto de ley que recogiera lo principal de las propuestas, pero resultó ser un saludo a la bandera que funcionaba para Fedecámaras como débil justificativo del retiro de la campaña televisiva. Una valiosa iniciativa se esfumaba, pero las lecciones del proceso no se perdían en quienes, años después, tendríamos la responsabilidad de lograr los cambios.

Seguro fracaso

El frente laboral no era el único que se deterioraba con creciente rapidez, los servicios de seguridad social sufrían un acelerado deterioro que nada parecía capaz de evitar.

En 1989 ya era evidente que la estructura organizativa del Instituto Venezolano de los Seguros Sociales (IVSS) se había tornado inoperante y requería de cambios radicales. En teoría, el IVSS era un modelo perfecto de organización centralizada de seguridad social que seguía la mejor tradición bismarckiana. Diseñada como fue en las postrimerías de la Segunda Guerra Mundial, la organización del IVSS incorporaba todos los avances que las experiencias previas en esa materia podían proporcionar.

Inclusive la dirección de la institución parecía ser el epítome de la cooperación social. En el Consejo Directivo participaban representantes de los trabajadores y de los empresarios quienes, por medio de la participación tripartita, supuestamente, ejercían la potestad de supervisar el uso estricto de los dineros que, al fin y al cabo, eran aportados por ellos mismos.

Sin embargo, la organización del IVSS llevaba en su seno la semilla de su propia destrucción y había caído presa de la doble plaga que significaban la inviabilidad inherente a un modelo de esta naturaleza (que ya comenzaba a hacer crisis en otras partes del mundo) y ese don particular de la sociedad democrática venezolana de acelerar el deterioro de cualquier institución por la vía del clientelismo partidista, el desorden administrativo y la corrupción.

Aunque la administración del IVSS hubiese sido un modelo de probidad, la estructura centralizada del mismo no se prestaba para maximizar la eficiencia en un mundo crecientemente informatizado y descentralizado. No solo las empresas públicas sino las privadas estaban sufriendo procesos de transformación profundos en los cuales la eliminación de niveles de gerencia, la reducción de la burocracia, la contratación de servicios externos (conocido en el argot como *outsourcing*) y el otorgamiento de autonomía de decisión a unidades operativas, imponían una reducción de los costos operativos y un aumento en los niveles de rendimiento.

A estas realidades era preciso añadir el particular sesgo al deterioro institucional aportado por la democracia partidista y puntofijista que, a partir de 1958, comenzó a invadir los niveles operativos del IVSS. Con el inicio de la era democrática, que comienza con el derrocamiento del gobierno del general Marcos Pérez Jiménez, los partidos políticos venezolanos se sintieron en la obligación (o tal vez en el derecho) de penetrar y copar todas las manifestaciones de organización social, sindical y gremial existentes en el país.

Ese proceso se consolida durante la década de los años sesenta, al final de la cual hasta instituciones centenarias como el Colegio de Ingenieros de Venezuela constituían sus directivas, ya no por méritos personales de los aspirantes sino por los pesos relativos de las "fracciones" de ingenieros de AD, COPEI y el PCV, entre otros. [2]

De semejante proceso no podía estar exento un sector tan estratégico en términos políticos y sociales como lo es el sector salud. Es así como los sindicatos y gremios relacionados con el sector, Fetrasalud y la Federación Médica, quedaron bajo el control de directivas escogidas desde los comités centrales de los principales partidos.

En una economía en crecimiento y con precios estables como lo fue por décadas la venezolana, las contribuciones de los afiliados al IVSS creaban una masa creciente de recursos de los que se podía disponer, no solo para ampliar los servicios sino para colocar a los activistas políticos en puestos a los que tenían que acudir quince y último. Podían dedicar el resto del tiempo bien al proselitismo o a diversos menesteres en las casas de los partidos y sindicatos. [3]

La impresión de que los recursos eran, para efectos prácticos, ilimitados, se acrecienta a partir de 1968 cuando las contribuciones de empleadores y trabajadores se incrementó para la fundación del recién creado Fondo de Pensiones, cuya dilapidación, como veremos más adelante, fue uno de los elementos que en definitiva selló el colapso.

Por otra parte, la impresión de que semejante masa de recursos era manejada de manera tripartita, en atención a los intereses de los usuarios, era tan solo el más tenue de los espejismos. Los presidentes del IVSS eran nombrados por el Gobierno; sus prioridades eran las que le trazaban las cúpulas gremiales de Fetrasalud y la Federación Médica. Fetrasalud era clave porque el 70% del presupuesto operativo del Buró Sindical de AD provenía de sus arcas.

En este sistema de contubernios la administración eficiente era poco menos que imposible. Quien tuviera la responsabilidad de administrar un centro de salud y la intención de hacerlo bien se encontraba maniatado, no solo porque todos los empleados y profesionales bajo su responsabilidad eran inamovibles, sino porque hasta la precisa ubicación de los mismos era determinada por la cúpula gremial respectiva desde Caracas.

Pero el colapso de un servicio no sucede de manera instantánea. Las semillas de ese deterioro demoran en germinar e inclusive, una vez germinadas, demoran en llevar su acción destructiva a niveles que se perciben como alarmantes. En lo referente a servicios del IVSS, el umbral hacia los niveles alarmantes se cruza cuando el Gobierno comienza a correr la arruga de su obligación a dispensar servicios médicos asistenciales usando los hospitales del Ministerio de Sanidad.

Mientras los hospitales del Seguro Social se limitaban a atender a los afiliados al sistema sus niveles de servicio eran aceptables y, en algunos casos, excelentes, si bien logrados con un gran despilfarro de recursos. No obstante, cuanto tuvo que atender al sector de la población no asegurado, que no encontraba atención donde le correspondía, la situación se tornó inmanejable.

Sin duda estas consideraciones estaban en el ánimo del Gobierno cuando el presidente Pérez nombra al empresario de seguros Iván Lansberg para que presidiera una comisión que presentara recomendaciones sobre qué hacer con el IVSS. La Comisión Lansberg fue la primera en una larga lista de intentos de restructuración del Seguro Social. Todas, por supuesto, chocarían con el entramado de intereses creados arriba descritos y que al parecer eran infranqueables.

Pensiones perdidas

La prestación de servicios de salud constituía la mayor preocupación de quienes presenciaban el deterioro de la seguridad social, pero eso era solo porque un problema de igual o mayor trascendencia aún no había llegado a aflorar: el de las pensiones de vejez.

Para comprender la magnitud de ese problema es preciso remontarse un poco a los orígenes de los sistemas de pensiones y comprender los mecanismos a través de los cuales operan. Todos los sistemas de pensiones son de uno de dos tipos básicos, o bien una combinación de ambos. Los sistemas de reparto intergeneracional y los sistemas de capitalización individual.

Los sistemas de reparto, conocidos a veces como solidarios, son solidarios en el sentido intergeneracional, es decir, quienes laboran mantienen con sus contribuciones a quienes están retirados y serán a su vez mantenidos en su retiro por los que para entonces estén trabajando.

En el otro extremo se encuentran los sistemas de capitalización individual en los cuales cada quien (y su empleador si es el caso) contribuye durante su vida de trabajo a la constitución de un fondo personal que, invertido en títulos y valores, compone una masa de recursos de la cual el contribuyente percibe una mensualidad a partir del momento en que se retira.

Los sistemas de reparto tienen tendencia a desfinanciarse por dos motivos fundamentales: primero, porque al no haber una relación directa entre lo que contribuye el afiliado y lo que retirará en su momento, las presiones políticas son para aumentar los beneficios y disminuir o postergar las contribuciones; segundo, porque aun resistiendo esas presiones, a medida que la pirámide generacional cambia y se aumenta la proporción de retirados en relación a activos, el sistema se vuelve costoso cuando no incosteable. [4]

Los sistemas de capitalización individual, por otra parte, requieren de un marco regulatorio estricto, orientado a la garantía de preservación de los ahorros para evitar que manejos dudosos deterioren el patrimonio de los asegurados.

Existen pocos casos prácticos de sistemas que no tengan una combinación de reparto con capitalización. Una de esas excepciones es el sistema alemán, que es de reparto puro y donde el nivel de fondos mantenidos en caja es de unas seis semanas para facilitar la fluidez de los pagos. En este caso el nivel de retención lo fija anualmente, de acuerdo a estudios actuariales, un panel bipartito de trabajadores y empleadores, la decisión de este panel es luego implementada mediante decreto por el Gobierno Federal. [5]

La mayoría de los sistemas de reparto –y el venezolano no era una excepción–constituyen un fondo de capitalización colectiva con el cual generan reservas técnicas para garantizar la viabilidad del sistema. La teoría detrás de este fondo es que el mismo, prudentemente invertido, va generando recursos para complementar las contribuciones de los afiliados y así mantener a éstas en niveles tolerables.

La práctica, sobre todo en un país como Venezuela, es que semejante masa de recursos, concentrados en un solo lugar y bajo el control de un pequeño grupo con capacidad de disponer de él, está condenada a ser malgastada. Contribuyendo a ese sesgo despilfarrador se encontraba el hecho que entre 1968 (fecha de inicio del fondo de pensiones) hasta

1983 (fecha en el que el primer pensionado por vejez había acumulado derechos de retiro de fondos) la cuantía del fondo se encontraba en un ritmo de crecimiento geométrico. [6]

Existe la creencia de que el fondo de capitalización del IVSS desapareció porque el dinero "se lo robaron". Esa es una explicación simplista y cómoda que permite endosarle la culpa a terceros abstractos y absolver a la mayoría de la sociedad de su responsabilidad en la materia. La verdad es un tanto más compleja que la de un hecho de un grupo de políticos o funcionarios sacando dinero de una gran caja y metiéndoselo en el bolsillo.

A través de los años el fondo de pensiones fue utilizado para cuanta aplicación imaginable puede haber para el favorecimiento de intereses sectoriales. Uno de los primeros de estos usos fue para apuntalar el mercado de cédulas hipotecarias que en los finales de los años sesenta e inicios de los setenta habían sido inversiones apetecibles para los ahorristas. Al estas perder su atractivo, porque sus rendimientos eran inferiores a los del mercado, se le "encajaron" grandes cantidades al fondo, salvando a los tenedores y emisores de cédulas de grandes pérdidas a su patrimonio.

La justificación que se le daba a ese uso era que había que dinamizar el mercado inmobiliario y ¿qué mejor forma de hacerlo que con el dinero de futuros pensionados que no estaban organizados para protestar? Luego vinieron emisiones de deuda pública a tasas de interés inferiores a las del mercado, que no eran otra cosa que una confiscación descarada de ahorros.

Como aún había mucho dinero en el fondo, se comenzaron a asignar los ingresos al fondo de salud (que era deficitario) en clara contravención a las disposiciones legales y, en lo que, sin duda, constituye la malversación continuada e impune más larga de nuestra historia republicana.

La impunidad con que estas cosas sucedían fue permitiendo que el saqueo a lo que quedaba fuera cada vez más impúdico. Es así como la primera visita del Papa a Venezuela sirvió para que una alta funcionaria de la Secretaría de Presidencia de la República, "generosamente" dispusiera de dineros del fondo para que su contratista favorito (seleccionado a dedo, por supuesto) construyera los apartamentos de la urbanización Juan Pablo Segundo que fueron magnánimamente asignados a amigos y simpatizantes del régimen, a precios especiales, claro está. Al final, y ya para raspar la olla, durante el gobierno del presidente Velázquez se destinaron unos 500 millones de bolívares, que sorpresivamente quedaban, para ser depositados en el Banco de los Trabajadores ¡tres días antes que esa quebrada y requebrada institución cerrara sus puertas para siempre!

Todo esto sucedió teniendo el fondo de pensiones una comisión tripartita de inversiones que lo controlaba y siendo, en teoría, la administración del IVSS una en la que participaban igualmente los representantes de los empresarios y los trabajadores, lo cual dice mucho de la calidad de dicha representación en los años en los que esas cosas estaban sucediendo.

Al igual que lo que pasaba con el tema de las prestaciones sociales y el intento fallido de la Cámara de Comercio por reformarlas, las realidades en torno a la seguridad social y los errores institucionales cometidos, constituían insumos valiosos para quienes pronto tendríamos que responsabilizarnos por producir los cambios necesarios.

Notas al capítulo II

[1]. La central obrera israelí controla, a través de inversiones directas, empresas que, sumadas, representan un porcentaje substancial del P.I.B. del país.

[2]. De ese no han estado ausentes actividades tan alejadas de la política como los concursos de belleza. Durante la administración de Luis Herrera Campins hubo un mini escándalo relacionado con la intención del Gobierno de influir en los resultados del "Miss Venezuela".

[3]. La razón para esto es que los cálculos actuariales que determinan los niveles de cotización incorporan ingresos para gastos futuros que, en el corto plazo, dan la ilusión de una abundancia de recursos disponibles para el despilfarro.

[4]. Este fenómeno se ha agudizado en países donde la población ha envejecido al punto que tan solo 2 a 3 trabajadores activos mantienen a cada retirado. El aumento de cotizaciones que esto requiere queda limitado por la fuerte tendencia a la evasión que esos aumentos generan.

[5]. A pesar de la aparente inestabilidad que pudiera significar la fijación anual de la cuota de retención para pensiones, en Alemania, en los últimos 25 años esta cuota se ha mantenido relativamente estable (con fluctuaciones de menos del 1%) en torno a la cifra de 17%, incluida la contribución laboral y patronal.

[6]. Los fondos acumulados tienen la tendencia a aplicarse para usos distintos, aún en los mejor administrados sistemas de reparto. En España, citada como ejemplo de eficiencia por muchos, el fondo de capitalización de pensiones fue utilizado para la construcción de hospitales, librando a los políticos –en su momento– de la incómoda necesidad de tener que solicitar aumentos de impuestos para cubrir el costo de dichas construcciones.

CAPÍTULO III
BRISAS DE CAMBIO

Por ser un país tropical, Venezuela no tiene los cambios de estaciones propios de los países de zonas templadas que identifiquen las distintas épocas del año con determinadas condiciones climáticas, más allá, claro está, de las épocas de lluvia y sequía conocidas como invierno y verano.

Si bien no identificamos el mes o la época del año a través de las condiciones del tiempo, sí es posible determinarlo en función de los titulares de prensa, en la medida que estos reflejan el comportamiento ciudadano.

Ante un titular de: "No habrá béisbol en Caracas este año", el lector sabrá que nos encontramos en el mes de septiembre y en pleno ritual anual de las negociaciones entre la Universidad Central, propietaria del Estadio, y los dueños de los equipos sobre el canon de arrendamiento del mismo.

De igual manera, cuando la prensa nos informa que "el alza de precios de la carne es insoportable" o que "ganaderos aseguran que son los carniceros, y no ellos, los responsables del aumento de la carne de res", queda claro que nos encontramos en el mes de mayo, momento en el cual la entrada de las lluvias –o época de invierno– altera los patrones de oferta de ganado en pie.

Es señal inequívoca, finalmente, de que nos encontramos en el mes de enero cuando los titulares de la fuente económica comienzan a reseñar la recurrente polémica en torno a los aumentos compulsivos, por decreto, de los sueldos y salarios.

A partir de 1974, a los inicios del primer Gobierno de Carlos Andrés Pérez, se estableció en el país la inconveniente costumbre de decretar aumentos generalizados de sueldos y salarios. Al principio esta práctica gozaba de una mayoría abrumadora de simpatizantes.

La CTV, lejos de pensar que esto le restaba capacidad de negociación colectiva, lo aplaudía porque ese mecanismo le permitía presionar públicamente por aumentos en el sector privado, donde estaban poco representados. Los partidos políticos lo veían con beneplácito porque era una forma más de mostrarse regalándole algo al pueblo, el propio sector empresarial ofrecía poca resistencia porque en una economía cerrada al exterior y con demanda exacerbada por el gasto gubernamental, los costos se podían trasladar de manera lineal a los precios.

Como podrá explicar cualquier estudiante de primer semestre de economía expuesto a un currículo moderno, los aumentos generalizados de salarios son la mejor forma de deteriorar el salario real de los trabajadores [1]. Asimismo, de expulsar trabajadores del sector formal de la economía hacia el informal, de acrecentar las presiones inflacionarias, de provocar el deterioro de la productividad y de distorsionar el cálculo económico.

Una economía cerrada, con recursos aparentemente ilimitados, puede por un tiempo posponer los efectos perversos de semejante política de ingresos (si es que se puede llamar así), pero a la larga los mismos se imponen.

Para 1989 comenzaba a verse con claridad que la negociación anual de aumentos compulsivos de salarios se estaba convirtiendo en una guillotina para la economía venezolana, sobre todo ante la incipiente apertura de la misma al mercado y la competencia internacional. De hecho, el Fondo Monetario Internacional había exigido, como parte del programa de ajustes, que se desterrara esta práctica y que cualquier aumento general que se estableciera fuera producto de una negociación obrero patronal.

Los disturbios del 27 de febrero de 1989 sorprendieron a representantes laborales y empresariales en Miraflores en plena discusión de la magnitud del aumento que concertadamente se le pediría al Ejecutivo que decretara.

El ritual se repetía año tras año, a principios de 1991, Ernesto Navarro, presidente de Conindustria, planteaba que:

La fórmula que presenta la CTV es simplista porque trata de resolver una situación de crisis, hecho que deploramos, porque lo que hay que hacer es resolver el problema en sí. Debe haber una posición donde ganemos todos. [2]

En ese año se coloca el ejecútese a la nueva Ley Orgánica del Trabajo. Como mencionamos antes, que consagró el derecho a las prestaciones sociales a trabajadores del sector público, pero simultáneamente introdujo dos cambios importantes:

En materia de salarios determinó un mecanismo para la fijación del salario mínimo, limitando las posibilidades para decretar aumentos generales de salarios y, en materia de prestaciones sociales, dejó abierta la posibilidad de una ley especial para modificar el régimen existente. [3]

En atención a la disposición en referencia, el Gobierno había preparado e introducido un proyecto de ley para la modificación del régimen de prestaciones, pero el mismo había recibido un rechazo frontal por parte de las fracciones obreras de los partidos y, en consecuencia, rápidamente pasó a dormir el sueño de los justos.

A algunos nos comenzaba a quedar claro que la batalla por una reforma laboral exitosa no la ganaríamos en los pasillos del Congreso o de Miraflores, si previamente no la planteábamos y ganábamos en el seno de la opinión pública. La polémica anual sobre los aumentos compulsivos de salario, cuyo efecto nocivo comenzaban a sentir los propios trabajadores, parecía un buen punto por donde comenzar.

La apertura hacia la opinión pública no fue una decisión voluntariosa y repentina de dirigencia empresarial, sino más bien una serie de aproximaciones sucesivas, inclusive por distintas vías. Muchos observamos los efectos positivos de la campaña televisiva de la Cámara de Comercio de Caracas, a la que me referí anteriormente, y deploramos que una actitud timorata de Fedecámaras hubiera abortado esa iniciativa.

En abril de 1991 me tocó asumir la Presidencia del Consejo Nacional del Comercio y los Servicios (Consecomercio) y, como parte del plan de trabajo de la nueva directiva, decidimos acercarnos a otros sectores de la sociedad civil mediante la incorporación a las reuniones mensuales de directorio, que se efectuaban en provincia y que había iniciado Roger Boulton durante su presidencia, de la dirigencia vecinal, los alcaldes y dirigentes laborales, entre otros.

El sector del comercio y de los servicios era el que necesariamente se encontraba más cerca del consumidor y del ciudadano en la cadena productiva y, en consecuencia, ese contacto se imponía para explicar nuestra óptica de los fenómenos económicos y de las medidas inconvenientes que mantenían al país sumido en inflación y crisis. [4]

Los resultados de esa iniciativa pronto comenzaron a dar sus frutos y, a mediados del año 91, se produjeron solapados ataques por la prensa debido a una invitación que extendimos a Elías Santana y a integrantes de la Escuela de Vecinos para asistir a uno de los directorios celebrados en Monagas, coto del caudillo adeco. Santana, a su vez, nos invitó a dirigir unas palabras en una reunión de dirigentes vecinales que coincidía con nuestra visita; la dirigencia política tradicional interpretó este hecho como que "comerciantes y vecinos conspiraban para formar un partido político". [5]

En abril de ese mismo año asume la presidencia del Consejo Venezolano de la Industria (Conindustria) Rafael Alfonso Hernández. La industria venezolana, al menos aquella que hacía vida institucional en Conindustria, había entendido plenamente las señales inequívocas de cambio que las medidas de apertura de 1989 significaban y había aceptado el reto de reconvertirse. Durante la presidencia de Ernesto Navarro la dirigencia industrial había comenzado a utilizar un lenguaje proactivo de aportes concretos en la búsqueda de soluciones; bajo la conducción de Rafael Alfonso este mensaje se profundizaría.

Finalmente, en julio accedía a la presidencia de Fedecámaras Freddy Rojas Parra. Economista de profesión, proveniente del sector industrial, y de provincia venezolana. Rojas Parra entendía mejor que muchos, en esa institución, la importancia de dirigir el mensaje empresarial a otros sectores, respaldando las posiciones determinadas con estudios preparados que pudieran sustentar el escrutinio y la crítica pública. A Rojas Parra lo acompañaban en las dos vicepresidencias, personas que ya tenían experiencia en difundir ese tipo de mensaje: Roger Boulton, expresidente de Consecomercio y de la Cámara de Comercio de Caracas y Jorge Serrano, expresidente de la Cámara Venezolana de la Industria de la Construcción.

Empresarios emplazan al presidente Pérez a cumplir con Ley Orgánica del Trabajo (…) en una rueda de prensa conjunta la dirigencia del sector privado demostró lo inapropiado que es decretar aumentos salariales sin la debida consulta (*El Nacional* del 18-1-92).

De esa forma se reseñaba la primera andanada empresarial en la escaramuza anual por los aumentos compulsivos de salario. Esta vez teníamos como arma las disposiciones mismas de la nueva ley que, entre otras cosas, requería una consulta previa que no se había efectuado. Pero lo fundamental de la posición empresarial en la nueva estrategia que nos trazamos lo resumía Rojas Parra con la siguiente admonición:

Sabemos, y así se ha comprobado, que la población en general está rechazando los aumentos por decreto. Por eso estamos reiterando nuestra posición de que en una economía de mercado es fundamental que lo laboral sea entendido y manejado entre el empleador y el que está en condiciones de ofrecer su servicio como trabajador.

Complementando esas palabras yo señalaba:

Aprovechamos para invitar a los dirigentes políticos a cambiar el discurso populista para que se ubiquen en la nueva realidad venezolana, que evidentemente no entienden.

Rafael Alfonso terminaba diciendo:

Debemos entender que nuestra legislación debe irse acoplando con los que compiten con nosotros... de lo contrario nuestros vecinos tendrán ventajas grandes sobre los productores venezolanos.

Ese mismo día invitábamos a que se retomara el debate sobre las prestaciones sociales. Lamentablemente, preparados como estábamos para reanudarlo, poco nos imaginábamos que el mismo iba a pasar a un segundo plano ante el desarrollo de acontecimientos de mayor gravedad y pertinencia para la supervivencia institucional del país.

Notas al capítulo III

[1]. Un interesante estudio del periodista Luis Manuel Escalante, aparecido en el diario *El Universal* del 6-11-96, acota que desde el primer decreto de fijación del salario mínimo de Carlos Andrés Pérez (D.L # 122 del 31-5-74) en el que se estableció el salario mínimo en Bs. 15 por jornada diaria (Bs. 450/mes) hasta el Decreto 1.053 de Rafael Caldera en 1996, el salario mínimo aumentó un 4.793% en términos nominales mientras que una canasta de 18 productos representativos de la dieta diaria de personas de bajos recursos lo hizo en 14.674%. Esto a través de unos 21 decretos de aumentos compulsivos de salarios en el curso de esos 22 años.

[2]. Declaraciones de Ernesto Navarro a la periodista Rosita Regalado del diario *El Nacional* el 8-2-91.

[3]. La Ley Orgánica del Trabajo, aprobada en 1991, también contenía otras disposiciones en cuanto a la posibilidad de remunerar el trabajo por mecanismos no computables al salario. Estos mecanismos se comenzaron a aplicar con intensidad creciente a medida que la inflación avanzaba.

[4]. La primera sugerencia de emprender este tipo de estrategia me la hizo Hugo Fonseca Viso, presidente de Fedecámaras de 1987 al 89, quien había aplicado con éxito una política de contacto con la sociedad civil durante su presidencia.

[5]. Reportaje del periodista G. Vílchez en el diario *El Universal* del 29-9-91, y declaración de Elías Santana en *El Nacional* del 2-10-91.

CAPÍTULO IV
EL SISTEMA SE TAMBALEA

El intento de golpe del 4 de febrero desencadenó una serie de demonios que ya venían revoloteando alrededor de la cosa pública venezolana. Los efectos fueron múltiples, pero si algún efecto hubo en materia económica fue el de postergar y, en muchos casos, revertir el rumbo de las reformas modernizadoras que se habían comenzado en 1989.

El espectro del fundamentalismo castrense produjo un profundo susto cercano al pánico en el liderazgo político, ese suceso los llevó a interpretar que lo preciso era "buscar el consenso" entre "todos los venezolanos". El problema era que no había cómo encontrarle consenso en una dicotomía de conceptos antagónicos. No es posible, por ejemplo, avanzar hacia una economía de mercado abierta y competitiva y, simultáneamente, alentar un capitalismo de estado oligopólico y proteccionista.

El primer intento de lograr ese imposible se denominó Consejo Consultivo. Estaba integrado por distinguidos venezolanos, algunos proteccionistas y otros no. Las recomendaciones que de ahí salieron se parecían mucho a ese camello que terminan diseñando las comisiones cuando se les encomienda diseñar un caballo. El efecto práctico de esas recomendaciones, a las que Pérez y el mundo político se aferraron como a un clavo ardiente, fue paralizar las modernizaciones del plan de ajustes. [1]

Vendrían cuatro largos años en los cuales se ensayarían todas las medidas imaginables de regreso a los controles como forma de manejar la economía. Luego, sin el menor rubor, muchos de los que habían propiciado semejantes disparates se lavarían las manos de los efectos perniciosos de lo que ellos mismos habían engendrado.

A los fines de la reforma laboral y previsional, el intento de vuelta atrás que propició el fallido golpe del 4-2-92, si de algo sirvió, fue para abonar el deterioro que después conduciría a un cambio.

Los cambios no son lineales

Sin embargo, en este sentido vale la pena aquí una reflexión en torno a los procesos de modernización y cambio estructural que han implementado la mayoría de los países del mundo a partir de la década de los setenta. Estos procesos rara vez son lineales y suelen caracterizarse por marchas y contramarchas relacionadas con las realidades políticas de cada país, y con los errores de planificadores e implementadores de las políticas.

El anclaje cambiario total combinado con altos niveles de endeudamiento externo y escasa supervisión bancaria, permitieron que los Chicago Boys en Chile –a fines de la década de los años 70– crearan una situación que para 1983 impulsó al Gobierno de Pinochet a una (afortunadamente transitoria) vuelta atrás mediante el nombramiento de Sergio Onofre Jarpa como ministro del Interior, estrella de la antigua derecha chilena, con pensamiento de corte populista, corporativista y nacionalista. [2]

Las reformas neozelandesas, entre las más exitosas y completas que se han implementado, comenzaron en 1982 durante un gobierno laborista que luego perdió las elecciones por el costo político de las reformas implementadas y regresó de nuevo al poder con su antiguo Ministro de Economía, Roger Douglas, a la cabeza; capitalizando el costo político que a su vez había sufrido el Partido Nacional, de corte conservador-reformista.

Pareciera ser que, mientras mayor es el deterioro, menos probable es que el proceso de reforma se detenga. Bolivia, que llegó al inusitado nivel de inflación de 25.000% anual, implementó reformas a partir de 1985 que se han mantenido incólumes durante gobiernos de izquierda, de centro-izquierda y de derecha. Argentina, cuna del populismo corporativista y estatista en América, que llegó a tener inflaciones de 5.000% anual, una vez que inició las reformas bajo Menem y Cavallo, las ha mantenido y profundizado con éxito, a pesar de la turbulencia social que han producido. [3]

La lección que al parecer podemos extraer de estos procesos es que los cambios que se van implementando, por pequeños o escalonados que parezcan, van generando una dinámica que se vuelve irreversible más allá del discurso político.

Una vez que se privatizaron los puertos, difícilmente se volverán a estatizar. Lo mismo sucede con servicios como la telefonía. Asimismo, una vez que comienza la descentralización política, con la elección directa de las autoridades municipales y estadales, nadie en su sano juicio volvería a proponer que el Ministro de Relaciones Interiores nombre los gobernadores o los cogollos de los partidos y de los alcaldes.

Lo mismo ocurre con otros cambios en el ordenamiento legal: Venezuela, que entró al GATT (hoy OMC) y estrechó sus lazos con un Grupo Andino en pleno trance de apertura y modernización, no puede retirarse de esos Organismos sin exhibir rasgos de irracionalidad reaccionaria ante la comunidad internacional. Las leyes de Estímulo a la Competencia, Contra Prácticas Desleales de Comercio y de Autonomía del Banco Central pueden ser soslayadas por un tiempo, pero, al final, se va formando una presión indetenible para que se apliquen correctamente.

Finalmente, comienza a haber dirigentes políticos que se dan cuenta que en las brisas de cambio también hay votos y modifican su discurso y acción en esa dirección. estas corrientes subterráneas eran las que se movían de forma silenciosa ante la aparente paralización del proceso modernizador, estigmatizado por sus enemigos como "neoliberal" y asociado de manera irracional e injusta con las peores manifestaciones de corrupción achacadas a los Gobiernos.

El IVSS en terapia

La batalla anual por el aumento compulsivo de salarios iba a tener un giro distinto e inesperado en 1993. El país había superado de alguna manera el trauma de dos intentos de golpe de Estado, el último escasamente a una semana de las segundas elecciones de Gobernadores y Alcaldes. Las elecciones, aunque con importantes niveles de abstención, pero no diferentes a los que exhiben democracias maduras como Estados Unidos, habían contribuido a calmar las cosas y a reafirmar los liderazgos regionales que empezaban a manifestarse montados sobre la eficiencia administrativa.

Pero 1992 había sido un año en el que el deterioro de los servicios provistos por el gobierno central había sido dramático. De este fenómeno no podían estar exentos los servicios que dispensaba el IVSS. A las recomendaciones de la Comisión Lansberg habían seguido varios intentos por salvar a la institución en su actual estructura. La figura que se decidió fue la de una "Comisión Reestructuradora" y para presidirla se escogió a Jorge Kamkoff.

Kamkoff era un eficiente gerente petrolero que el gobierno había sacado de sus habituales predios de la industria para dirigir la reestructuración del sistema portuario venezolano. Ese proceso de modernización pasaba necesariamente por la liquidación del Instituto Nacional de Puertos, en cuyas nóminas reposaba una parte no despreciable del clientelismo sindical venezolano.

Provisto de abundantes fondos para el proyecto, entre otras cosas por el interés de los organismos multilaterales en esa crucial modernización de infraestructura, el ingeniero Kamkoff desempeñó una labor poco menos que milagrosa, liquidando (con prestaciones millonarias, claro está) a la totalidad de la nómina del Instituto Nacional de Puertos y descentralizando y privatizando la actividad portuaria en lo que puede considerarse un tiempo record.

Pero una cosa era hacer milagros en un instituto centrado en los pocos puertos del país, donde los potenciales conflictos resultaban bien focalizados, y otra atacar un monstruo de mil cabezas, con intereses creados de todo tipo e incidencia directa sobre la vida diaria de millones de venezolanos. El esfuerzo que requiere semejante tarea ciclópea iba más allá de las capacidades, milagrosas o no, de un solo ser humano.

En la comisión restructuradora había la presencia de representantes del sector laboral y del sector empresarial. Fedecámaras había escogido para esa ingrata labor a Carlos Pietri Martínez, expresidente de Consecomercio y Consejero Permanente de larga data de Fedecámaras. El profesor Pietri había convertido en vocación su obsesión con el deterioro de la administración pública venezolana. Permanentemente llamaba la atención sobre los alarmantes informes anuales de la Contraloría General de la República, sin que sus admoniciones recibieran la atención debida y mucho menos visos de acción concreta para corregir los males.

El Instituto Venezolano de los Seguros Sociales era uno de los bete noire preferidos del profesor. Su presencia en la comisión restructuradora era una señal clara de la dirigencia empresarial que nuestra paciencia, con semejante adefesio, se agotaba rápidamente. Nuestra preocupación la alimentaba el hecho de que en muchos estados la inoperancia de los servicios del IVSS estaba propiciando alianzas entre gobiernos regionales, empresarios y trabajadores, para producir cambios radicales que iban desde exigir la regionalización del servicio hasta amenazas de no pagarlo mientras el mismo no mejorara.

Como complemento de esta presión, las cifras que reportaba el profesor Pietri durante buena parte del año 1992, en cuanto a las finanzas del IVSS, indicaban que el instituto estaba llegando rápido al punto en el cual ninguna operación de salvamento podría tener éxito.

Por una parte, la política de aumentos compulsivos de salario y la inflación habían logrado informalizar a más del 50% de la economía privada, reduciendo la base de tributación del Instituto. Por otra, el Gobierno le adeudaba cifras cuantiosas tanto de lo retenido a sus obreros como lo que le correspondía por contribución presupuestaria. Se contabilizaba como deuda (contabilizaba es un eufemismo, pues la contabilidad como tal tenía años de atraso) cuentas pendientes de empresas particulares que habían desaparecido o quebrado en virtud de las malas políticas económicas. Para completar el cuadro, el fondo de pensiones se había malbaratado; las pocas contribuciones que se suponía entraran a él eran malversadas y dedicadas a tapar huecos y pagar nómina, gran parte de la cual era fantasma. [4]

Ante semejante desastre, con sobrada razón, el representante de los empresarios pedía ser relevado de sus obligaciones. A finales del año 92, en particular a raíz de la tradicional reunión de presidentes de Cámaras de Comercio en ocasión de la Semana del Comercio, en el mes de noviembre, comenzó a discutirse la posibilidad de que el sector empresarial retirara sus representantes ante el IVSS, para con ello darle una señal clara a la ciudadanía de que no estábamos dispuestos a seguir avalando con nuestra presencia y nuestro concurso lo que estaba sucediendo en esa institución.

La retirada de la directiva del IVSS presentaba oportunidades y problemas. La oportunidad más obvia era que nos colocaba del lado de la ciudadanía y afianzaba nuestra meta de ponernos en sintonía con la sociedad civil y sus inquietudes.

Los problemas estaban relacionados con dos aspectos: El primero de resistencia entre individualidades en las mismas instituciones empresariales, en particular Fedecámaras. Después de todo surgía la pregunta de ¿por qué, si los problemas eran de larga data, quienes habían dirigido la institución en el pasado no tomaron una medida similar? El segundo aspecto tenía que ver con las reacciones del mundo político, en particular del Gobierno que, lo más probable, buscaría una vía para romper el frente unitario empresarial, convocando, como solía hacer, a sectores que enfrentaran la posición tomada.

La clave del éxito estaba en un apoyo contundente a Fedecámaras por parte de Consecomercio y Conindustria; así lo entendimos Rafael Alfonso y yo en las reuniones que celebrábamos con Freddy Rojas y sus vicepresidentes. Decidimos aprovechar las últimas semanas del año 92 en la consolidación del apoyo de nuestras cámaras de base a una eventual decisión de retiro.

El juego cambia

> Por fin entienden: ajustes generales de salario no son solución para los trabajadores, Industria y comercio consideran saludable actitud oficial y de los sindicalistas (*Reporte de la economía*: 12-01-93).

Con esa nota positiva iniciaba el periódico *Reporte de la economía* la discusión anual sobre salarios el martes 12 de enero de 1993 y continuaba diciendo que:

> 1993 ha marcado el inicio de un nuevo estilo de diálogo sobre tan particular punto y viene a significar la primera vez que dirigentes sindicales y políticos...ven con mayor recelo y precaución el tema en cuestión (*Reporte de la economía*: 12- 01-93).

La razón para el cambio de enfoque era sencilla, pero a la vez compleja. Por una parte, no solo los administradores del gobierno central, sino también los de las alcaldías y gobernaciones, comenzaban a darse cuenta del efecto que sobre sus presupuestos tenía el cálculo retroactivo de las prestaciones (el promedio de antigüedad en el sector público es mayor que en el privado, agravando el problema). Por otra parte, los dirigentes más preclaros del sindicalismo empezaban a entender las presiones que venían de sus propios agremiados, quienes ya se habían dado cuenta de que los aumentos compulsivos generalizados se devolvían en su contra.

Sin embargo, a pesar de la buena voluntad expresada, no dejábamos pasar la oportunidad para aclarar que: "Para Consecomercio el salario de los venezolanos tiene doble impuesto. El primero no es otra cosa que la contribución al IVSS que es la cancelación de un servicio ineficiente que no se traduce en beneficio alguno. El segundo, la retroactividad de las prestaciones sociales que, en el marco de un proceso inflacionario como el nuestro, hace inmanejables los incrementos salariales. Este nuevo ambiente hará productiva una discusión sobre las prestaciones sociales.".

Pero la armonía duraría poco. La nueva racionalidad del Gobierno y la CTV en materia salarial no se traducía en enfrentar la dura realidad del desplome del IVSS con las medidas draconianas que se necesitaban. La solución que encontraban para resolver la insostenible situación de caja del IVSS era el aumento de las cotizaciones.

Cuando las cúpulas dirigentes pretenden inducir las revueltas la mayor parte de las veces se disipan rápidamente. Cuando las mismas surgen desde abajo se vuelven irreversibles, quienes las menosprecien corren el riesgo de que les contesten como a Luis XVI cuando preguntó si lo de la Bastilla era "otra revuelta" y recibió de respuesta "¡No, sire, no es una revuelta es una revolución!".

Proponer un aumento de las cotizaciones del IVSS, en el estado en que en esos momentos se encontraban sus servicios, no era solo una afrenta a los empresarios sino un insulto a los trabajadores, cuyos menguados ingresos iban a quedar reducidos aún más por el incrementado pago por un servicio cada vez más deficiente.

La presión de los trabajadores en las empresas y de las empresas a su vez en sus cámaras no se hizo esperar. "Fedecámaras y Consecomercio Rechazan Aumento de Cotizaciones al IVSS", titulaba *Últimas Noticias* del 9 de febrero de 1993, a la vez que anunciaba una reunión extraordinaria de cien cámaras de comercio de todo el país para considerar la situación. La reunión se celebró al día siguiente con la presencia, entre otros, del presidente de Fedecámaras, quien recibía así, de viva voz, el apoyo a la medida que estaba a punto de tomar.

Dos días después nos reuníamos en Fedecámaras con Freddy Rojas, los presidentes de Conindustria, Consecomercio, la Asociación Bancaria y Fedeagro y acordábamos el retiro de nuestros representantes principales y sus suplentes ante la Comisión Reestructuradora del IVSS.

El lunes 15 éramos convocados a una reunión con el presidente Pérez para que reconsideráramos nuestra posición de retiro. Ya durante el fin de semana habían comenzado las presiones y, sobre todo, tal como lo previmos, el intento de hacer ver que la decisión no gozaba del respaldo mayoritario del empresariado. Todas las presiones eran en vano, pues la acción tomada respondía a un sentimiento generalizado de la base que, por lo demás, estaba firmemente respaldado por el sentir mayoritario de la población.

"Cetevistas proponen paro nacional en defensa del IVSS" titulaba el *Diario de Caracas* el 16 de febrero, reseñando unas declaraciones de César Olarte, Secretario Ejecutivo de la CTV en las que decía que:

> (…) el sector comercio de Fedecámaras que lidera Aurelio Concheso en Consecomercio está interesado en la liquidación del IVSS y por ende la privatización de los fondos de pensiones. (*Diario de Caracas:* 16-02-93).

En *El Nacional* del mismo día, ante una pregunta de la reportera de cómo apreciábamos la reacción de dirigentes de la CTV y políticos que califican de reaccionaria nuestra decisión, contestábamos:

> Reaccionamos frente a una serie de impunidades que consideramos intolerables. Hemos planteado lo que se debe hacer para que se arregle la seguridad social en Venezuela. Si se realizan esos pasos volveremos a la Comisión Reestructuradora, pero hasta tanto no se den es más reaccionario continuar con un sistema totalmente inaceptable para el ciudadano común (*El Nacional:* 16-02-93).

Los pasos nunca se dieron y los empresarios organizados nunca regresamos ni a esa ni a las sucesivas comisiones reestructuradoras, directivas y demás artificios con los cuales se pretendió prolongar la agonía de un muerto que ya merecía cristiana sepultura. No faltaron las presiones para que regresáramos, las últimas muy cerca del inicio de las reuniones tripartitas en 1996. De hecho, nuestra férrea resistencia a estas últimas presiones fue uno de los elementos que aceleró el inicio de las conversaciones finales, como veremos más adelante.

Nuestro retiro inequívoco y contundente del IVSS marcó un hito que sentó las bases para las discusiones futuras. Por primera vez en las relaciones institucionales entre empleadores y trabajadores la dirigencia de los empleadores asumía públicamente posiciones en defensa de los intereses de los trabajadores, mientras la dirigencia laboral se limitaba a defender un *status quo* perjudicial. La lección no se perdía para aquellos a quienes pronto les tocaría regir los destinos de la CTV.

Notas al capítulo IV

[1]. El día que el presidente Pérez anunció las medidas que tomaba el gobierno en virtud de las recomendaciones del Consejo Consultivo, los mayores aplausos provenientes del sector político que se encontraba en el Salón Ayacucho del Palacio de Miraflores, fue para la medida de suspensión de los aumentos progresivos y pequeños que se venían produciendo en el precio de la gasolina.

[2]. El dogmatismo sobre este punto produjo una iniciativa que, afortunadamente para Chile, no prosperó, de fijar la paridad cambiaria en la Constitución de 1980 a 30 pesos chilenos por dólar norteamericano.

[3]. Brasil soportó durante más tiempo que otros una situación hiperinflacionaria debido a la total indexación de su economía.

[4]. En una de esas ironías retóricas de las que abundan en nuestro medio, a esa nómina fantasma se le denominaba "nómina blanca". Nunca alcancé a entender si el calificativo tenía implicaciones políticas o si la intención era darle aspecto de pureza a esa acabada expresión clientelar.

CAPÍTULO V
APRENDIENDO A NEGOCIAR

La experiencia de retirar nuestros representantes de la directiva del Seguro Social nos había dado una nueva perspectiva en cuanto a cómo enfrentar al poder político conectándonos de forma directa con la ciudadanía. Sin embargo, comenzaba a quedar claro que difícilmente se lograrían los cambios necesarios en materia laboral y previsional sin que mediara una negociación compleja y difícil con las fuerzas representativas del sector trabajo.

1993 no era el mejor momento para establecer ese tipo de diálogo. El país entraba en una campaña electoral nacional, al mismo tiempo que la crisis institucional desembocaba en la renuncia del presidente Pérez y la instalación de un Gobierno interino carente de piso para su mandato. En palabras del propio presidente Velázquez, los partidos lo buscaron para que asumiera la presidencia y luego lo dejaron solo en Miraflores.

Las variables económicas se salían de las manos del Gobierno y del Banco Central y las pocas medidas que prosperaban eran aquellas, como los controles selectivos de precios, que respondían a patrones antiguos de comportamiento añorados por la pléyade de "notables" que habían coincidido en cooperar para remover a Pérez del poder, pero que no tenían la menor idea de hacia dónde se movía el mundo en materia económica.

Ni siquiera una medida fiscal tan evidente como el establecimiento de un impuesto al valor agregado, que pechara al consumo y que había formado parte del programa legislativo desde 1990, era posible aprobarla sin encarnizadas polémicas. De hecho, quien con más vehemencia se oponía al tributo resultó ser el candidato ganador de la presidencia en las elecciones, lo cual creó todo género de confusiones y distorsiones en la eventual aplicación del mismo. [1]

Ante un ambiente de tal desasosiego y de confusión, lo sorprendente no es que haya habido una crisis financiera de las proporciones de la que se desató, sino más bien, que haya tardado tanto en manifestarse. Pareciera que los agentes económicos, en un inusitado arranque de optimismo, se negaban a creer que en plena década de los 90 Venezuela fuera a elegir una fórmula electoral que abogara por el regreso a una economía manejada por controles administrativos propios de otros tiempos.

En consecuencia, el Gobierno del presidente Caldera llega al poder con un mandato confuso y rodeado de consejeros que en lo económico tenían ideas disímiles y hasta divergentes de cuáles eran las medidas que se debían aplicar. Lo único que parecía ser una constante era que la mayoría de la población rechazaba el autoritarismo como forma de gobierno y quería que "alguien" pusiera coto a la corrupción que los había empobrecido y continuaba hostigándolos.

El problema, desde luego, radicaba en que no era la corrupción, o cuando menos ésta no era el único elemento, que había producido el empobrecimiento, sino, de manera mucho más significativa, un cúmulo de malas políticas económicas que tenían el singular efecto de promover la destrucción de riqueza en vez de su producción.

En ese ambiente de incertidumbre el Gobierno inicia su mandato, el 2 de febrero de 1994, emulando el estilo de Eudomar Santos: "conforme vaya viniendo vamos viendo". [2] En materia salarial eso significaba retomar el ritual anual de los aumentos por decreto, pero esta vez apegado cuando menos a la *letra* de la nueva Ley del Trabajo. Mal podría ser de otra forma siendo el nuevo presidente el padre de la criatura.

Es así como en abril de 1994 el Gobierno decreta un aumento del salario mínimo urbano de Bs. 9,000 mensuales a Bs. 15,000 (el rural quedaría en Bs. 12,500), pero con una importante particularidad que en el pasado no se había utilizado: basándose en estipulaciones de la nueva ley que lo permitía, el Gobierno decreta que solamente la mitad (33%) del aumento (cuyo total era 66.6%) sería computado para el cálculo de las prestaciones sociales.

Ya en el pasado los gobiernos habían decretado aumentos por la vía de bonos de transporte o alimentación que eran eufemismos para no afectar momentáneamente el cálculo de las prestaciones sociales, pero esta era la primera vez que en el mismo salario mínimo se reconocía que el efecto de cálculo retroactivo de las prestaciones afectaba la posibilidad de aumentar el salario presente.

Esta fue la última vez que el Gobierno decretó un aumento del salario mínimo, pues desde esa fecha hasta la firma de los acuerdos tripartitos, tres años después, los aumentos que se decretarían serían por la vía de bonificaciones, en un proceso que se llegó a conocer como la "desalarización del ingreso" y contribuyó a hacer inevitable la búsqueda de una salida al problema. [3]

De planes y más planes

Como hemos mencionado, el Gobierno del presidente Caldera llegó al poder sin una idea clara o una visión de conjunto referente a lo que había que hacer en materia económica. La disyuntiva para el Gobierno era que lo que en sana lógica proponían sus técnicos más lúcidos como Asdrúbal Baptista, Luis Carlos Palacios, Rafael Mac-Quhae y Carlos Bernárdez era diametralmente opuesto a lo que partidarios de la vuelta atrás, como Domingo Maza Zavala, Tomás Enrique Carrillo Batalla y Ciro Añez Fonseca, entre otros, le susurraban al oído del presidente.

A esto había que añadirle un elemento determinante: aquello que los técnicos modernizadores recomendaban, liderados en un inicio por Baptista, se parecía sospechosamente a las medidas *neoliberales* y *antinacionalistas* que los tecnócratas le habían vendido al presidente Pérez en su momento.

Ante este cuadro no era sorprendente que los planes de ajuste o adecuación económica que brotaban de las oficinas de planificación del Ejecutivo se sucedieran con pasmosa celeridad. Cada quien en el Gobierno tenía su agenda de cómo llevar al país por la senda de la modernización, eso sí sin tocar los puntos neurálgicos de las promesas del presidente, como eran el no aumentar la gasolina, la no implementación del IVA y el mantenimiento de los controles de cambio y de precios, que a decir de los consejeros provenientes del pensamiento anacrónico combatían (o por lo menos según ellos mantenían a raya) la especulación. [4]

El plan Baptista, el plan Sosa uno y dos, el plan Corrales (quizá también uno y dos ¡o tal vez hasta tres!), el PERE (Programa de reestructuración económica de finales del 94), el Pacto Antinflacionario y el plan Matos fueron algunos de los precursores de la Agenda Venezuela. De todos ellos, por lo que significó en cuanto experiencia de cómo negociar para el sector privado, el más significativo fue el nonato Pacto Antinflacionario. [5]

Para principios de 1995 la crisis financiera comenzaba a estabilizarse. Luego de varios ensayos de prueba y error los aspectos más nocivos de la misma los había absorbido la economía a un enorme costo, en términos de inflación y consiguiente empobrecimiento. La crisis institucional castrense también se había estabilizado, sin duda en buena medida por los hábiles manejos políticos del presidente.

El pacto nonato

A los ojos del Gobierno parecía el momento oportuno para otro intento de dinamizar la economía y reestablecer la confianza; Werner Corrales, ministro de Fomento, lo aprovechaba con una nueva iniciativa.

Desde Cordiplan, Corrales había tratado de lanzar infructuosamente un plan conocido como el PERE. Su nueva tesis era que, si lograba sentar en una mesa a los *actores sociales* para que estos se comprometieran con determinados comportamientos, se lograría quebrar las expectativas inflacionarias, estabilizar la economía y relanzar el crecimiento. El modelo en que basaba su aspiración era el PECE mexicano y el Pacto Social israelí.

Sin embargo, había varios problemas con su enfoque: primero, el PECE en México fue posible porque para efectos prácticos el partido de Gobierno (PRI) controlaba al Gobierno los sindicatos y a las principales organizaciones empresariales. En segundo lugar, en Israel el Histradut (la central obrera) tenía afiliados a buena parte de los trabajadores del sector privado y, además, por sus inversiones, controlaba empresarialmente a una porción no despreciable del P.I.B. israelí.

En Venezuela no solo no había un Histradut o un PRI, sino que, debido a las políticas de controles, más del 50% de la economía privada era cuando menos informal. Por otra parte, siendo como es la inflación un fenómeno esencialmente monetario, el primero que tenía que comprometerse con una rectificación de políticas, las macroeconómicas, era el propio Gobierno. De no ser así, cualquier pacto se convertiría en un ejercicio retórico, que no lograría los efectos deseados por dirigirse a los efectos y no a las causas del problema.

Esas realidades no parecían perturbar al ministro Corrales, un hombre bien intencionado y vehemente en sus ideas. A los fines de darle impulso a su proyecto, comenzó negociándolo con el sector de agroindustria reunido en la Cámara Venezolana de la Industria de Alimentos (Cavidea).

Para los industriales de Cavidea la idea de un pacto sonaba interesante. Habían hecho ingentes esfuerzos por reconvertirse y volverse competitivos buscando inclusive mercados de exportación para sus productos. Se encontraban, sin embargo, atrapados por el sesgo excesivamente proteccionista y discrecional que se le había impreso a la producción de sus materias primas en el agro a partir de la pasantía de Hirán Gaviria, de Fedeagro, como ministro de Agricultura, durante el mini-gobierno de Velázquez. No solo había continuado ese sesgo, sino que los controles de todo tipo terminaban obligándolos a adquirir insumos a dos y tres veces los precios de libre competencia internacional. [6]

Ante estas realidades, los industriales de Cavidea se encontraban prisioneros del mercado interno para sus productos y éste estaba precariamente deprimido. Cualquier solución que estimulara esa demanda y diera una luz al final del túnel en el desmonte de los controles era bienvenida.

Lo que habían sido negociaciones relativamente fáciles para Corrales, mientras se limitaban al sector agroindustrial y a algunos simpatizantes del Gobierno en el directorio de Fedecámaras, seleccionados por su presidente Edgar Romero Nava, se empezaron a complicar al entrar en el cuadro de negociación el sector comercio.

La firma de un pacto sin la concurrencia del sector comercio y servicios no tenía mucho sentido práctico, era obvio que ese sector tenía mucho que decir en cuanto a los alcances del mismo. Berend Roosen me había sucedido en la presidencia de Consecomercio en abril de 1993 y había enfrentado con coraje y habilidad los señalamientos que pretendían hacer a los comerciantes, junto con los banqueros, los chivos expiatorios de todo lo malo que acontecía en el país.

A mediados de 1994, en ocasión de la 50ª Asamblea Anual de Fede-cámaras, los ataques habían llegado a niveles preocupantes, al punto que algo denominado "Convergencia Cultural" quemaba en efigie a Berend Roosen en plena plaza pública, aprovechando para estigmatizar a "los Boulton" por acaparadores y hambreadores del pueblo. Nuestra preocu-pación con estos ataques desconsiderados, que pretendían silenciar las críticas a las malas políticas económicas, nos llevó no solo a cerrar filas en torno a nuestro vocero Roosen, sino a denunciar pública e internacio-nalmente la campaña de avasallamiento.

Fue gratificante ver el respaldo de instituciones tan prestigiosas como la Cámara de Comercio de Estados Unidos, organismo cuyo presidente el señor Thresher dirigió más de 300 cartas a congresistas y personali-dades públicas de su país. Estas reacciones, y la amenaza de llevar los ataques a la Corte Interamericana de Derechos Humanos, hicieron que los ataques cesaran. [7]

Al recibir los primeros borradores del Pacto Antinflacionario nos di-mos cuenta de que el mismo adolecía de graves problemas, el principal de los cuales era que el Gobierno pretendía que los sectores empresarial y laboral se comprometieran a una serie de acciones concretas, mientras el Gobierno se limitaba a un enunciado de buenas intenciones, sin metas específicas de gasto, mucho menos un cronograma concreto de acciones. Para colmo, se pretendía que el jefe de Gobierno, el presidente Caldera, tan solo presenciara la firma del pacto "como testigo del mismo" y no que lo firmara como participante, lo cual obviamente debilitaba aún más el compromiso gubernamental.

Las observaciones de Consecomercio fueron recibidas con interés no solo por los otros sectores del empresariado, sino por la propia dirigencia laboral que comenzaba a coincidir con nosotros en que, si no se compro-metía al Gobierno, poco se iba a lograr.

El día crítico de las negociaciones fue una tarde de principios de abril en la que fuimos convocados por Corrales a sus oficinas del Instituto de Comercio Exterior. Los sectores del empresariado llevábamos una posi-ción unitaria en torno a un conjunto de metas que el Gobierno debería avalar. Para suerte de las negociaciones presidía nuestra delegación Jorge Serrano, primer vicepresidente de la institución.

En ese momento las relaciones entre el presidente y el vicepresidente de Fedecámaras no eran las mejores ni las ideales, por diferencias de criterio en cuanto a cómo debían manejarse las relaciones de la institución con el Gobierno. Serrano era un hombre consecuente con las posiciones de negociación que se acordaban previamente, como luego demostraría hasta la saciedad. Esa tarde era su primer encuentro con Corrales y el primero del ministro con una posición unitaria y bien sustentada por un interlocutor infranqueable.

Jorge Serrano se plantó en la exigencia de que el gobierno asumiera compromisos específicos y recibió el apoyo de la representación laboral, lo cual hizo montar en cólera al ministro que una vez más tenía que posponer la firma de su preciado acuerdo.

Al día siguiente recibí una llamada de un emisario de Corrales para que nos reuniéramos de manera privada. La reunión se efectuó en casa de Carlos Bernárdez y en ella le expliqué al ministro, que se encontraba más calmado, el consenso empresarial que se había forjado en torno a que el Gobierno asumiera compromisos concretos. También traté de hacerle ver que, aún si él conseguía que algunas individualidades lo apoyaran en una fórmula distinta, la misma sería una victoria pírrica. Lo invitaba finalmente a que asistiera a la asamblea anual de Consecomercio, próxima a celebrarse, para que constatara en persona la profundidad del sentir empresarial.

El desenlace final de estas negociaciones fue el 24 de mayo, fecha en que se firmó una "Carta de Intención" del Pacto Antinflacionario, en la cual se daba un lapso de 30 días para la firma del pacto en sí, luego de que el Gobierno explicara las medidas o políticas que implementaría para, entre otras cosas, reducir el déficit a menos de 4% del PIB. e iniciar la flexibilización cambiaria. El Gobierno nunca lo explicó y el pacto nunca se firmó.

En la primera reunión para fijar las acciones concretas que se habían exigido, el ministro de Hacienda, Matos Azocar, se presentó y, para efectos prácticos, desautorizó lo que Corrales había hecho anteriormente, indicando que el Gobierno había decidido ir hacia la firma de un acuerdo con el FMI, cuyo preámbulo era algo que se llamaría "el plan Matos".

En el empresariado quedaba la sensación del tiempo perdido, pero realmente no fue así. Primero, a todo lo aprendido en cuanto a conectar con la gente, añadíamos nuevos conocimientos institucionales de cómo conducir una negociación compleja. Segundo, por primera vez había habido coincidencias importantes en las negociaciones con el nuevo liderazgo sindical. Por fin comenzaba a quedar claro que si no había consenso de todos los sectores del empresariado en torno a una posición, difícilmente se lograrían resultados efectivos.

Notas al capítulo V

[1]. La implementación del IVA, a finales de 1993, para retirarlo a inicios de 1994 y luego volver a reestablecerlo de manera solapada, denominándolo como un "Impuesto a las Ventas y al Consumo Suntuario" al inicio del Gobierno de Caldera (para atender a su promesa electoral de no establecer un IVA) demuestra lo difícil que ha resultado establecer políticas económicas racionales en Venezuela. Este hecho sin duda está relacionado con la poca cultura económica de los líderes políticos tradicionales y de los formadores de opinión en el país.

[2]. De una novela brasileña, popular por ese entonces que, si mal no recuerdo, se llamaba Sasa Moutema.

[3]. Para la fecha de la firma del Acuerdo Tripartito, en marzo de 1997, el salario mínimo representaba menos del 35% del ingreso mínimo oficialmente decretado de los trabajadores. En muchas empresas del sector privado el salario representaba menos del 25% de la remuneración total para esa misma fecha.

[4]. El control de cambio que se estableció en 1994 no era la única salida al problema, como han querido hacer ver sus proponentes y adeptos. Semanas antes de que se tomara esa decisión, un grupo de economistas, liderado por Luis Zambrano Sequín, de la Universidad Católica Andrés Bello (UCAB) presentaron un esquema de flotación de bandas basado en una sobredevaluación *(overshooting)* inicial a Bs. 200 por dólar, muy similar al que se estableció dos años más tarde. La aceptación de la propuesta UCAB hubiera salvado al país, y sobre todo al bolsillo de los consumidores, varios puntos de devaluación e inflación en esos dos años de oscurantismo económico.

[5]. En estricto sentido, la mayoría no eran planes propiamente dichos sino enunciados de buenas intenciones o, como en el caso del Plan Sosa, solo programas fiscales.

[6]. El ministro Gaviria estableció un mecanismo de dudosa legalidad ante los tratados internacionales suscritos por Venezuela; era utilizar el otorgamiento de los permisos fitosanitarios como mecanismo de licencia de importación discrecional, otorgándolos o no a criterio de funcionarios del MAC. Como era de esperarse, esa práctica que aún persiste, ha fomentado niveles impresionantes de corrupción y el aumento de los costos transaccionales.

[7]. La posibilidad cierta de accionar estos mecanismos demuestra lo difícil, cuando no inútil, que resultan los intentos de aislar una economía del globalizado mundo en que nos desenvolvemos.

CAPÍTULO VI
LA ANTESALA

A las pocas semanas del fracaso definitivo del Pacto Antinflacionario, quedaba electa la directiva de Fedecámaras que regiría los destinos de la institución de 1995 a 1997. Dentro de un directorio de más de cuarenta personas, electa cada una por su sector o estado, existía lo que se conoce como el "pequeño directorio", compuesto por el presidente, los dos vicepresidentes y el tesorero, electos de manera uninominal por la totalidad de las cámaras de base. Este grupo constituye el núcleo directivo del día a día de la institución.

De hecho, ese mecanismo estatutario era una nueva norma que por primera vez se aplicaba en la Presidencia de Romero Nava, no llegó a funcionar bien en ese período por diferencias anímicas entre sus integrantes y la ausencia involuntaria, durante parte del período, de un dirigente valioso como Oscar Zamora Lares del sector asegurador.

El nuevo, y pequeño, directorio había logrado conformarse con un interesante equilibrio sectorial.

El presidente, Jorge Serrano había ocupado en distintas ocasiones las dos vicepresidencias y la tesorería. Venía de presidir la Cámara Venezolana de la Industria de la Construcción. Los presidentes de esa institución tienen que negociar, durante su mandato, el contrato colectivo más grande del sector privado que abarca unos 500.000 trabajadores, lo cual los califica como experimentados negociadores.

Como primer vicepresidente, yo representaba la voz de un sector diverso y polémico como lo es el comercio y servicios, que representa casi el 50% de las cámaras de base de Fedecámaras y se encuentra ampliamente difundido por todo el territorio nacional.

Luis Enrique Ball, el segundo vicepresidente, era un joven dirigente del sector industrial que venía de desempeñar la presidencia de la

Cámara de Industriales de Caracas y la vicepresidencia de Conindustria. Juntos compartíamos las vicepresidencias del Centro de Divulgación del Conocimiento Económico (CEDICE) que presidía Rafael Alfonso.

La tesorería fue asumida por Vicente Brito, director por el estado Monagas y presidente de Fedecámaras Monagas. La presencia de Vicente en el cuarteto aportaba una importante conexión permanente con el sentir de los empresarios de provincia de múltiples sectores. [1]

Entre todos nos propusimos formar un equipo cohesionado desde el primer día, abocándonos a los problemas que preocupaban al empresariado y al país. Quienes habían adversado, sin éxito, la candidatura a la presidencia de Jorge Serrano, corrían la equivocada especie de que Jorge era un líder débil que sería manipulado por su entorno. Quienes lo apoyamos sabíamos que él era un líder de equipo excepcional, consecuente con sus colaboradores, trabajador incansable y firme en sus propósitos y principios. La confusión de los que de buena fe no lo habían apoyado venía, tal vez, por ser Jorge uno de esos hombres para quien la vanidad y la vocación a la figuración permanente eran un impulso totalmente desconocido, cosa nada común entre muchas *primo uomo* que adornan las galerías de *líderes fundamentales,* no solo en el empresariado, sino también en muchas manifestaciones de organización venezolanas.

Estábamos convencidos que desde el primer momento nuestro mensaje tendría que ser "proactivo" y de aporte de soluciones concretas a problemas que preocupaban al país. Simultáneamente, tomando una hoja de la experiencia del fracaso del PAI, era necesario reafirmar lo más pronto posible el liderazgo institucional de Fedecámaras, para lo cual organizamos un masivo encuentro empresarial a finales del mes de septiembre. [2]

El tema del encuentro era, como lo reseñaba Economía Hoy en una entrevista que me hiciera el 25 de septiembre: "los empresarios vamos a dejar de ser *llorones*". Aseguraba yo en esa entrevista que el discurso del sector privado se adaptaría a la actitud que existe en el interior del país, donde la gente no espera que sea el mundo político el encargado de resolver los problemas y, a partir de ese momento, los empresarios íbamos a insistir en cumplir nuestra verdadera función social que no es otra que la de crear riqueza.

El encuentro, al que asistieron más de dos mil empresarios y en el que los únicos dos oradores fueron Arturo Uslar Pietri y Jorge Serrano, fue todo un éxito y le daba un claro mensaje, no solo al mundo político sino en particular al laboral, que estábamos abocados e interesados en dialogar a fondo para resolver los problemas del país.

Sindicalismo repotenciado

Todos los presidentes de Fedecámaras han tenido que incorporar a su agenda las relaciones con la CTV, siendo como son una y otra las máximas expresiones institucionales de las fuerzas del capital y el trabajo. Las relaciones han tenido grandes altibajos y sus mejores momentos han sido cuando los temas a tratar tenían que ver con grandes crisis, por ejemplo, la defensa del sistema democrático en los años sesenta. [3]

Las relaciones se hicieron difíciles, sobre todo después de la estatización de la industria petrolera, porque desde ese momento las centrales sindicales pasaron a representar mayoritariamente a obreros del sector público. De hecho, *las relaciones obrero patronales* del sector privado con las federaciones de la CTV han sido excelentes a través del tiempo, de lo cual da fe la casi total inexistencia de huelgas como mecanismo de solución de los eventuales conflictos.

El hecho de que los sindicatos sean mayoritariamente públicos y una gran parte de la masa laboral privada se encuentre informalizada o trabajando en pequeñas empresas, difíciles de organizar sindicalmente, hace que las *relaciones institucionales* entre CTV y Fedecámaras sean visualizadas por los dirigentes sindicales como una suerte de oportunidad para negociar cláusulas contractuales (como aumentos generales de sueldo) de carácter nacional.

Cualquier dirigente empresarial que caiga en esa trampa corre el riesgo de recibir el rechazo mayoritario de los empresarios del país, sin embargo, por otra parte, quien se niegue a conversar está en la cómoda, aunque dudosa, posición del líder tremendista que cosecha aplausos de su base, pero no llega a solucionar los problemas.

El movimiento obrero venezolano tiene la gran virtud de ser uno de los menos ideologizados de América Latina. Si bien las centrales tienen raíces socialdemócratas, socialcristianas, socialistas y hasta marxistas, provenientes del sindicalismo europeo, también tienen importantes influencias de las centrales norteamericanas como la AFL-CIO, más pragmáticas en su enfoque y, en lo político, tienen una larga tradición de repudio a los regímenes de fuerza, tanto de izquierda como de derecha.

Por otra parte, el sindicalismo venezolano ha hecho grandes esfuerzos por capacitar a sus dirigentes, esfuerzos que, como el Indasein (Centro de altos estudios sindicales) y el Cenda, tal vez pasen desapercibidos para el ciudadano común. Estos esfuerzos han hecho que exista una nueva generación de dirigentes sindicales con alto grado de preparación y capaces de comprender las transformaciones fundamentales que está experimentando la economía mundial y la sociedad venezolana.

El lado oscuro de este cuadro es que la existencia mayoritaria de sindicatos públicos en un país fuertemente estatizado y el vínculo estrecho del laborismo con partidos clientelares, de un corte vertical estalinista a la criolla, ha hecho que los dirigentes sindicales se comporten más como líderes políticos que sindicales, sacrificando muchas veces los intereses de sus agremiados en aras de la "disciplina partidista" que compone la línea política del partido.

A esto habría que añadir el gusto que adquirieron algunos dirigentes sindicales durante el saudismo de los años setenta por la vida muelle, que los llevó a confundir el discutir con los ricos y poderosos con el vivir como ellos. El gusto por la buena vida de algunos y el manejo inepto, a veces corrupto, de proyectos como el Banco de los Trabajadores, creó una matriz de opinión, sin duda injusta, de que todos los líderes sindicales eran corruptos.

Revertir esa matriz no resultaba nada fácil, pero ese era el reto que se le imponía a la nueva directiva que asumía las responsabilidades, con Federico Ramírez León a la cabeza, como presidente de la CTV.

Ramírez León era un dirigente salido de las entrañas del obrerismo venezolano, socialdemócrata y de provincia; había pulido sus dotes de orador, político y negociador desde las calles de San Cristóbal hasta los pasillos de la Organización Internacional del Trabajo (OIT), en Ginebra, a cuyo Consejo Directivo pertenece.

Acompañando a Ramírez León en ese empeño, como Secretario General se había seleccionado a Carlos Navarro, dirigente de las nuevas generaciones socialcristianas, sociólogo de profesión y estudioso de los cambios que se venían imponiendo en el mundo en seguridad social. Con Carlos compartimos la presencia en múltiples foros de los que se venían celebrando a lo largo de los años 94 y 95 y encontrábamos, a veces para sorpresa nuestra, que había más cosas en las que estábamos de acuerdo que en las que diferíamos.

Además de Ramírez León y Navarro, se hallaban en el nuevo Comité Ejecutivo de la CTV hombres como Freddy Iriarte, de AD, Pablo Castro, del MEP, y Rodrigo Penso, del MAS, entre otros; algunos eran dirigentes sindicales del sector privado (Freddy Iriarte lo era de los trabajadores azucareros) lo cual iba a ser útil en conversaciones futuras.

Con esos nuevos actores de lado y lado se retomaba una discusión que durante demasiado tiempo se había postergado: cómo revertir el deterioro del salario y resolver el problema de las prestaciones sociales.

A instancias del Gobierno, en octubre del 1995 se realizaron unas reuniones informales sobre el tema en las oficinas del ministro del Trabajo, con el fin de explorar si podría haber bases para un entendimiento.

Intentos fallidos

El Gobierno estaba interesado en impulsar nuevas conversaciones en torno a las prestaciones sociales por dos motivos. Primero, porque en sus discusiones con el FMI quería demostrar que se iban logrando avances en la flexibilización laboral y, segundo, porque recibía presiones para un nuevo reajuste general de las remuneraciones. La aspiración del Gobierno era que el presidente Caldera pudiera anunciar un acuerdo en su mensaje de fin de año. [3]

Desde los tiempos de la comisión de reforma laboral del Congreso, Caldera sostenía que "si los empresarios y los trabajadores se ponen de acuerdo yo propiciaré el cambio de las prestaciones sociales". Durante años eso había parecido un imposible y la posición empresarial había sido que a quien le tocaba tomar la iniciativa era al Gobierno, pero no cabe duda de que, sin un consenso entre las partes, difícilmente se podría provocar un cambio.

Las conversaciones tripartitas se llevaron a cabo con un bajo perfil inicial. Además de los representantes laborales y empresariales, asistían "técnicos" de lado y lado. La presencia de los llamados técnicos, notamos luego al evaluar la ronda de conversaciones, lejos de facilitar tendía a dificultar la búsqueda de consenso. La CTV llevó, como uno de sus asesores, a Harald Allheimer del Instituto Latinoamericano de Investigaciones Sociales (ILDIS), instituto de políticas públicas y asesor de las socialdemocracias latinoamericanas.

Al parecer, a instancias de la CTV, el ILDIS elaboró un proyecto completo de reforma del régimen de prestaciones sociales. Las recomendaciones del ILDIS y las experiencias de Allheimer estaban relacionadas a economías inflacionarias del Cono Sur y las fórmulas que proponía para eliminar la retroactividad de las prestaciones eran de una eufemística "corrección monetaria", que no era otra cosa que una indexación salarial velada, cuyos efectos macroeconómicos serían devastadores. Además, se contemplaba una indemnización doble para quienes se transfirieran de sistema.

La indexación era inaceptable para el empresariado, pero en cuanto a la doble indemnización había división de opiniones. La liquidación doble estaba contemplada en los contratos, o cuando menos reservada en los libros contables de muchas de las grandes empresas, en particular del sector industrial, no así en el sector comercio y en la pequeña y mediana industria. El sector construcción, por su parte, no tenía problemas con las prestaciones, pues se liquidaban por obra, de acuerdo a su contrato colectivo.

Las discusiones se prolongaron hasta entrado el mes de diciembre, sin poder llegar a un acuerdo en puntos fundamentales, no le fue posible al presidente hacer anuncio concreto alguno en su mensaje de fin de año. Para el 9 de enero de 1996 habíamos llegado todo lo cerca que podíamos, quedando como divergencias esenciales, pero aparentemente insalvables, las arriba señaladas. Cualquier acercamiento adicional era inaceptable por la resistencia de las bases, tanto empresariales como laborales, ambas partes dejábamos en manos del presidente Caldera el presentar para el 23 de enero un proyecto de ley al Congreso que resolviera los puntos de divergencia.

El Gobierno no cumplió con la presentación de un anteproyecto de ley, lo que hizo fue decretar otro aumento en el ingreso mínimo, pero por la vía de bonos para que no incidiera en las prestaciones sociales. La des-salarización del ingreso se aceleraba. Siguiendo las señas de la acción gubernamental y apoyándose en estipulaciones de la Ley del Trabajo, las empresas aumentaban el ingreso de sus trabajadores por la vía de bonos, cesta *tickets,* ahorro no salarial y todo género de artificios para proveerles ingresos presentes, sin afectar las cuentas de pasivos laborales. [4]

Nuevamente quedaban frustradas las expectativas de un entendimiento. La experiencia nos había escaldado, sobre todo porque las Casandras de la dirigencia empresarial, desde sus pedestales, revoloteaban alegando tener razón sobre lo "imposible" de llegar a un acuerdo sobre la materia y nos emplazaban a no mantener ese tipo de conversaciones por los daños que le causaba al prestigio de la institución. Convinimos que solo regresaríamos a la mesa de conversaciones con un plan bien concebido, una visión estratégica y de conjunto de lo que se pretendía lograr y una sólida unidad en torno a los objetivos propuestos.

Al borde del abismo

Viendo las cosas en forma retrospectiva, era casi imposible el que en ese preciso momento se llegara a un acuerdo. El Gobierno desojaba aún la margarita de si implementar o no un plan de ajuste con el FMI, intención que había anunciado desde septiembre del 95. Las indefiniciones del Gobierno incidían peligrosamente en la actividad económica y el sistema de controles impuesto en 1994 se desmoronaba en una pérdida generalizada de confianza que mantenía estancada la economía.

Las cifras económicas de febrero eran espeluznantes. La unidad de análisis económico de Fedecámaras, hábilmente dirigida por el economista Rubén Astudillo y la Comisión de Economía, presidida por Nelson Ortiz e integrada por otros distinguidos economistas como Domingo Fontiveros, Efraín Velázquez y Orlando Ochoa, nos alertaba que, de seguir las cosas como iban, íbamos hacia una inflación por encima del 100% en 1996, con la perspectiva de una hiperinflación incipiente a partir del 97.

Por conversaciones con dirigentes políticos de varios partidos, entre ellos Teodoro Petkoff, del MAS, sabíamos que había gente del mundo político que entendía que la etapa de los controles anacrónicos no daba para más. Por ese motivo y luego de oír los informes de la situación de diversos estados, en el directorio del 4 de marzo lanzamos nuestra alerta en el sentido de que se estaba conformando un peligroso cuadro de convulsión social promovido por la inacción oficial en materia económica.

Nuestro llamado tuvo eco en la opinión pública al punto que hasta la Iglesia reconoció que Fedecámaras estaba en lo cierto. Tal vez ese era el empujón que necesitaba el Gobierno para por fin decidirse a actuar. Lo cierto es que a pocos días se incorporaban Freddy Rojas Parra y Teodoro Petkoff al Gabinete y comenzaba una nueva etapa de política económica. Después de cuatro años de intentos de regresar a una economía cerrada, controlada y corporativizada, Venezuela retomaba el camino de las reformas. En este nuevo ambiente parecía llegado finalmente el momento para intentar cambios trascendentales en la legislación laboral y social.

Notas al capítulo VI

[1]. La estructura de Fedecámaras contempla que las distintas cámaras y asociaciones de un estado, sean estas del comercio, la construcción, la industria y agrícolas, entre otras, se agrupen regionalmente en Fedecámaras estadales. Ese Consejo de Cámaras elige una directiva de la Fedecámaras Estadal cuyo presidente es a su vez miembro del Directorio Nacional de Fedecámaras.

[2]. A través de los años se ha utilizado este tipo de actos para destacar la unidad del empresariado en momentos difíciles. Dos de los más recientes fueron en el año 1985 durante la presidencia de Rafael Marcial Garmendia, en la época del Gobierno de Lusinchi, y durante la presidencia de Hugo Fonseca Viso, el 23 de enero de 1989, para presentarle al presidente Pérez la posición del empresariado, semanas antes de su toma de posesión.

[3]. El tema de la cooperación obrero-patronal en la defensa de la democracia, a partir de 1958, ante las amenazas de asonadas golpistas de derecha e insurrecciones de izquierda, algunas apoyadas desde afuera por dictadores como Leónidas Trujillo y Fidel Castro, es un capítulo honroso que merece mayor atención que la que hasta ahora le han brindado historiadores y comentaristas.

[4]. Para finales de 1996 ocurrió un hecho que preocupó a la alta dirigencia sindical. La Electricidad de Caracas negociaba un nuevo contrato colectivo y ofreció la totalidad del aumento por la vía de bonos no salariales. El sindicato les recomendó a los trabajadores no aceptarlo, pero sometida a votación, la oferta fue aprobada por una abrumadora mayoría. Para esa fecha ya algunos líderes sindicales, en apartes muy particulares, me manifestaban:

> Concheso, me duele admitirlo, pero tenemos un doble discurso: por un lado, nos oponemos públicamente a un cambio y por otro nuestros sindicatos están firmando todos los días contratos a base de bonificaciones. Mientras más rápido se sincere la situación, mejor.

CAPÍTULO VII
LA ESTAFA A LOS PENSIONADOS

Ningún análisis de la evolución de la seguridad social en Venezuela podría considerarse completo sin incluir en él un recuento de la estafa, o más bien, la confiscación de ahorros de la que han sido víctimas los pensionados del IVSS. Además, el activismo con el cual –a partir de 1991– estos abnegados ciudadanos comenzaron a organizarse para reclamar sus derechos, fue un punto crucial que contribuyó a que se celebraran conversaciones tripartitas que desembocaron en cambios trascendentales.

Como hemos señalado anteriormente, no es hasta 1983 que se empiezan a recibir las primeras pensiones por vejez en el sistema previsional del Seguro Social. Por desgracia, para quienes estaban afiliados al sistema, ese momento coincide con el nefasto "viernes negro", el 18 de febrero, día en el que se establece un control de cambio y comienza el sostenido proceso de devaluación de la moneda venezolana.

Quienes contribuían al sistema (a través de pagos propios y los que por ellos realizaban sus empresas) desde 1968, lo hacían sobre un tope de cotización de Bs. 3.000 por mes, equivalente, durante ese lapso en que el bolívar se cotizaba a Bs. 4.30 por dólar, a $ 697.67 mensuales. Luego, a medida que se producía la confiscación de ahorros propia de la devaluación de la moneda y el tope se mantenía en Bs. 3.000, los topes de cotización a valor corriente en moneda norteamericana se redujeron a $ 500 mensuales en 1983 y 84, $400 en 1985 y 86, y $ 206.90 en 1987 y 88.

Es cierto que los niveles de contribución al fondo de pensiones del IVSS, desde su inicio, estaban algo subreservados debido a que el Congreso arbitrariamente redujo los porcentajes de retención que los cálculos actuariales recomendaban. Sin embargo, esto es común en los inicios de los sistemas de solidaridad intergeneracional durante la etapa en que no existen erogaciones del fondo, sobre todo, en un país con una pirámide de población como la de Venezuela, donde, en atención a la juventud de sus habitantes, la proporción de obreros activos a retirados es elevada. [1]

De cualquier manera, quien haya estado contribuyendo para su retiro en el fondo del IVSS en los 21 años entre 1968 y 1989, lo habría hecho en atención a un tope ponderado de $ 603.66 mensuales, que equivale a un monto de Bs. 300.000 mensuales, en bolívares de diciembre de 1997. Esa persona, si tiene la desdicha de ya estar retirada, recibía en septiembre de 1996 una pensión que, luego de múltiples batallas, había logrado que se homologara al salario mínimo o la fabulosa suma de ¡$31.57 mensuales!

Los agraviados se organizan

Las cifras que hemos esbozado no son del conocimiento generalizado de la población. La razón es sencilla: a nadie en el mundo político, ni gobierno ni oposición, le interesaba que la mayoría de los ciudadanos estuviera al tanto de la gigantesca confiscación de ahorro previsional que se estaba perpetrando. Por otra parte, quien se encuentra al principio o a la mitad de su vida de trabajo activa, poco se preocupa por semejante tema, más bien, al estar convencido de que nada manejado por el Estado va a funcionar, se aferra a sus prestaciones sociales como único mecanismo a su alcance de ahorro a mediano y largo plazo.

Quienes sí se preocupan, claro está, son aquellos que por primera vez tramitan el pago de sus pensiones, cuando después de innumerables trámites y esperas se dan cuenta de lo mísero del monto del cheque con el cual se supone se deben mantener en su vejez. La preocupación inclusive se vuelve ira cuando comprueban que vecinos, de nacionalidad española, por ejemplo, que trabajaron lado a lado con ellos e hicieron las mismas contribuciones al IVSS, por poder aplicarlas para acogerse al retiro en la seguridad social de su país natal, reciben estipendios mensuales de entre Bs. 200.000,00 y Bs. 300.000,00 y ¡hasta el pago de la mitad de su boleto en Iberia para ser atendidos en los hospitales del seguro social español!

En 1991 las inequidades del sistema de pensiones del IVSS tenían suficientes dolientes, preocupados e iracundos, para que los mismos se comenzaran a organizar. Al principio, en medio de las manifestaciones generalizadas, los golpes de Estado, la retórica electoral, los paros intempestivos y las huelgas, las protestas de "los viejitos" (como los catalogaba la prensa entre cariñosa tolerancia y socarrona indiferencia) parecía una protesta más en un país lleno de protestatarios.

Sin embargo, a medida que los pensionados afinaban su mensaje y demostraban el más acabado civismo en sus actuaciones públicas, fueron adquiriendo un bien merecido respeto por parte de los medios de comunicación y la población en general. Mis primeros contactos con el Comité de Pensionados se remontan a 1993, último año de mi presidencia de Consecomercio, cuando comentarios hechos por mí en relación al desastre del IVSS provocaron un contacto de ellos hacia mí y unas reuniones sobre temas de mutuo interés. Luego noté que sus dirigentes hacían seguimiento a los ocasionales artículos que sobre el tema se publicaba en mi columna semanal del Diario *El Universal.*

Al asumir la Vicepresidencia de Fedecámaras los contactos habían continuado y, en programas de opinión o foros, coincidía a veces con el diputado Edgar Silva, presidente de la Subcomisión de Pensionados y Jubilados de la Cámara de Diputados. La organización de los pensionados, por otra parte, se expandía por todo el territorio nacional y comenzaban a ser una fuerza de presión importante. Sus líderes podían ser ancianos, pero estaban muy lejos de la senectud o incompetencia, mucho menos de dejarse manejar políticamente como borregos. Algunos de sus voceros habían sido dirigentes obreros, otros técnicos especializados o administradores comerciales y hasta un actuario de origen suizo había en su comité ejecutivo. [2]

Concretando propuestas

A medida que en Fedecámaras perfeccionábamos la propuesta, que sabíamos debía estar lista para la batalla final de las prestaciones y seguridad social, nos dábamos cuenta de que una solución exitosa pasaba por darle respuesta adecuada en la misma al problema de los pensionados.

Es cierto que el sistema de pensiones había colapsado y que los otros servicios del IVSS se encontraban en estado caótico, pero ningún país puede construir un nuevo sistema previsional sin primero atender el compromiso que la sociedad adquirió con quienes contribuían al viejo sistema. De hecho, el compromiso se extiende no solo a los que ya están pensionados, sino también a los que, habiendo acumulado derechos parciales en el viejo sistema, llegaran a la edad de retiro en el curso de los primeros cinco a diez años de la transición, cuando menos (debido a que los que retiran en ese lapso no tienen tiempo de acumular derechos de importancia en un nuevo sistema de capitalización individual).

Los costos de asumir este compromiso son considerables y nadie en el Gobierno o el Congreso tenía la más remota idea de lo que podían terminar siendo. Podemos, sin embargo, aproximarnos por lo que ha costado en otros países. En Chile, según datos de la Superintendencia de Administradoras de Fondos de Pensiones, durante los quince primeros años del nuevo sistema (1981 al 95) el costo para el Estado, incluido pagos por el viejo sistema, bonos de reconocimiento y pensión mínima vital (del nuevo sistema) ha promediado 3.5% del P.I.B. [3]

Estos costos deben asumirse mediante la generación de superávits fiscales en acciones distintas a la previsión social y/o la venta de activos públicos (privatizaciones) cuyo producto se use para saldar la deuda previsional.

Obsesionados como estaban la mayoría de los actores, a mediados de 1996, con la solución del tema de prestaciones sociales, estas realidades pasaban desapercibidas en su agenda de discusión. No así en la agenda del Comité de Pensionados.

La conclusión a que llegamos en esta materia fue que resolver el problema de los actuales pensionados tenía que colocarse como un punto específico en la agenda. A nuestro juicio, la única solución viable al problema era que el Estado asumiera de forma directa el costo de esas pensiones a un nivel que, si bien bajo, fuera medianamente digno. Proponíamos que ese nivel se mantuviera en el salario mínimo, una vez que se recompusiera éste, al resolverse lo de las prestaciones. Estimamos que el costo fiscal para servir la deuda y garantizar pagos futuros de la misma requería de un aporte inicial de Bs. 500 millardos y un aporte adicional del 1% del P.I.B. durante 5 años al menos.

Este punto se convertía en el primero de una propuesta global y específica que se había venido preparando en Fedecámaras desde mediados de año 1996, una vez que comenzó a abrirse la economía.

Con miras a recibir un respaldo empresarial a una propuesta integral en la Asamblea Anual que se celebraba en Maturín, designamos una comisión especial de seguridad social coordinada por los directores Berend Roosen expresidente de Consecomercio y representante del sector, y Maritza Pérez Weber, representante del sector Seguro y presidente de la Cámara de Aseguradores. La designación de una comisión especial se hacía necesaria porque quienes hasta entonces habían manejado el tema se encontraban excesivamente limitados en sus enfoques, por su apego a los viejos paradigmas en la materia.

Berend y Maritza prepararon un primer borrador que, siendo polémico, apuntaba en la dirección correcta y fue aprobado, sujeto a la ratificación por un Consejo Nacional a celebrarse el 30 de septiembre. De inmediato nos abocamos Luis Enrique Ball y yo a concretar con la comisión lo que representaría el marco de negociación del sector privado para las discusiones que se avecinaban. Luis Enrique se concentró en los aspectos de la seguridad médica que él dominaba mejor que nadie, y yo me concentré en lo referente al sistema de pensiones, tema al cual le había dedicado bastante tiempo a través de mis vínculos con el proceso de reforma chileno.

Para mediados de septiembre nuestra propuesta estaba lista. [4] constaba de cuatro puntos fundamentales y se enmarcaba dentro de una tesis donde se proponía que las prestaciones sociales y la seguridad social tenían que ser abordadas al unísono, como un problema integral.

El primer punto era el relacionado con una solución concreta y específica del problema de los pensionados en los términos arriba señalados.

El segundo planteaba que había que diseñar un nuevo sistema de pensiones cuyo eje fuera un sistema de capitalización individual en el cual el trabajador pudiera decidir dónde colocar sus ahorros previsionales, así como tener la posibilidad de una vigilancia permanente sobre los mismos.

El tercero formulaba la necesidad de hacer una modificación en el sistema de prestaciones que permitiera la mejora del salario real de los trabajadores, sin producir efectos perniciosos para la salud de las empresas.

El cuarto proponía la descentralización inmediata hacia las gobernaciones de los servicios de salud de la seguridad social; además, el diseño de un nuevo sistema que le otorgara la autoridad de elegir dónde le dispensarían salud al asegurado y establecer servicios a los particulares, las cooperativas y, por supuesto, los gobiernos regionales y municipales.

Terminábamos diciendo que, una vez hechas las transformaciones, el IVSS debía ser liquidado.

Era con cierta dosis de aprehensión que nos aproximábamos al Consejo Nacional del 30-9-96. El Gobierno había nombrado a Juan José Delpino, expresidente de la CTV como presidente del IVSS y ejercía fuertes presiones para que Fedecámaras reintegrara a sus representantes a la directiva del instituto. Los gremios privados que suplían servicios e insumos al IVSS no les agradaba el planteamiento de bajar la santamaría, ya que ellos, por lo demás, integraban aquella comisión de salud cuyos criterios dejamos a un lado al instalar la comisión Roosen. No era difícil que estas fuerzas confluyeran con quienes ya venían adversando nuestra estrategia por diversas razones, entre ellas, para provocar un debate encarnizado y dejar la impresión en el ambiente de fuertes divisiones internas.

La presencia masiva de las cámaras de todo el país era crucial para demostrar el verdadero sentir mayoritario del empresariado, Vicente Brito se abocó a la tarea de conseguirlo y sus esfuerzos dieron los resultados esperados. A la hora de presentar el informe ese 30 de septiembre, el respaldo fue casi unánime. Al momento de indicar desacuerdo solo lo hicieron tres personas, de las cuales una representaba una cámara y las otras dos eran miembros de la antigua comisión de salud. Por lo demás, la posición de no regresar a la directiva del IVSS fue enfáticamente ratificada por unanimidad, reforzando así nuestra posición de negociación.

Los últimos pasos hacia la mesa

La propuesta y el apoyo empresarial que esta recibía aceleraba las acciones y octubre se perfilaba como un mes clave.

El discurso de la CTV, por otra parte, era alentador, sobre todo si uno descontaba las aristas del tono confrontacional que considerábamos como una necesaria concesión en la búsqueda de unidad interna en el sindicalismo.

El 13 de agosto coincidimos Federico Ramírez y yo en un foro de la Asociación Venezolana de Ejecutivos. Luis Manuel Escalante, uno de los reporteros de la fuente económica más consustanciados con el tema, había reseñado en *El Universal* que:

En el mismo hubo coincidencias entre el representante de Fedecámaras, Aurelio Concheso y el presidente de la CTV, Federico Ramírez León sobre la necesidad de aunar el tema de las prestaciones a la solución de la seguridad social en forma integral (*El Universal:* 14-8-96).

Los días 24 y 25 de septiembre me había tocado coincidir con Freddy Iriarte en un foro organizado por el PNUD en Santiago de Chile, como reunión preparatoria de la Cumbre Iberoamericana de ese año. Las conversaciones informales, alejadas de la presión inquisitiva de los medios, nos ayudó a explorar áreas de posible entendimiento que luego serían interesantes en el curso de las discusiones formales. Quedaba claro, por demás, que ambos sectores nos convencimos de la importancia de tratar la materia de manera integral.

Las presiones para que Fedecámaras se incorporara a la directiva del IVSS seguían. El presidente Caldera no es un hombre al que le gusta el no como respuesta y, para lograr su objetivo ofreció los puestos de la directiva a Fedeindustria, organización protoempresarial cuya independencia se encontraba permanentemente comprometida por su apego a los préstamos, muchas veces dadivosos, del Gobierno a través de Corpoindustria.

En este caso, el presidente Caldera se hallaba ante la verticalidad infranqueable de Jorge Serrano, que interpretaba con acierto el apoyo que la base le estaba dando y no tenía en sus planes flaquear en el momento crítico como hiciera Polesel, cuando la campaña de la Cámara de Comercio. El Gobierno no tuvo otra opción que incorporar a Fedeindustria a la directiva del IVSS.

El lunes 7 de octubre Damelis Díaz organiza un programa en el canal 2 con la participación de Nepomuceno Garrido, Juan José Delpino, Federico Ramírez León y yo. Junto con Luis Manuel Escalante, Damelis Díaz era de las periodistas que más se había preocupado por el tema de las prestaciones y seguridad social. Dos intervenciones puntualizan lo cerca que estábamos de comenzar a conversar en serio:

D. D. —Entonces, ¿qué propone Fedecámaras en concreto?, para que tengamos una idea si el ministro los va a poder reunir nuevamente para hablar.

A. C. —Lo que propone Fedecámaras es que tomemos en cuenta que estamos en un momento realmente trascendental. Tenemos una estructura de seguridad social, la cual yo creo que todos admitimos que ha colapsado, y no miremos hacia el pasado para apuntar con el dedo a quién es el culpable.

»Tenemos dos alternativas; tratar de reconstruir ese modelo fallido o, sobre la experiencia de lo que falló, construir un nuevo esquema que esté cónsono con la realidad del momento. Tenemos la oportunidad de hacerlo y tenemos una historia de diálogo en democracia que nos debe permitir hacerlo. Hacia allí es que debemos dirigir nuestros pasos.».

Federico Ramírez León. —Yo le propongo a Fedecámaras, concretamente, que nombre una comisión de expertos en materia de seguridad social, digo al Gobierno lo mismo, y la CTV y otras centrales designaremos una comisión de profesionales y técnicos en materia de seguridad social, para que de una manera gradual y progresiva vayan apuntando las soluciones al problema. [5]

Luego de varias observaciones adicionales en cámara, a plena vista de la opinión pública, con Damelis como testigo de excepción, nos comprometíamos a reiniciar conversaciones. Faltaba un punto más, que estaba relacionado íntimamente con hacer conexión con la gente; su desenlace sería a escasas 72 horas del programa de Damelis.

Fedecámaras sale a la calle

La propuesta aprobada por las cámaras empresariales el 30 de septiembre de 1997 había sido difundida en un comunicado publicado en todos los medios de comunicación, como parte de una campaña informativa que incluía visitas a las Fedecámaras estadales y reuniones con fuerzas de la sociedad civil.

Quienes adversaban la propuesta intentaban manipular la información y crear la matriz de que "Fedecámaras quiere cerrar el Seguro Social". Como era de esperarse, esa fue la versión que llegó a los pensionados quienes, más allá de sus pensiones, dependen de los servicios médico-asistenciales del IVSS.

La semana del 7 de octubre se presentaba caldeada en el país, con amenazas de paros y demostraciones de diversa índole, programadas para el jueves 10. En ese ambiente de zozobra el presidente de Fedecámaras recibe una llamada del Ministerio de Relaciones Interiores indicando que tienen informaciones de que los pensionados pensaban hacer una demostración ante el edificio de Fedecámaras. La marcha pretendía salir desde la Plaza Brion de Chacaíto, lo cual daba oportunidad para que elementos revoltosos la infiltrasen y crearan desorden. El MRI nos recomienda dar los pasos para abortar la manifestación.

De inmediato Jorge Serrano me encomienda hablar con Edgar Silva, el diputado que coordina el comité de pensionados. El diputado Silva me informa que el motivo que anima la concentración es el deseo de discutir con nosotros la posición expresada de cerrar el Seguro Social. Yo le mantengo que estamos dispuestos a conversar, pero en grupos manejables. El diputado me indica que la intención de ir en grupo grande es firme por parte de la base de los pensionados y, por tanto, no está en sus posibilidades evitarlo más allá de tratar de convencerlos.

Al mismo tiempo Jorge Serrano consulta con nuestro asesor comunicacional, Edecio Brito Escobar y el director por el sector de los medios televisivos, Eduardo Salinas, de Venevisión. El miércoles 9-10, víspera de la manifestación, nos reunimos los miembros del pequeño directorio, en compañía de expresidentes sensibilizados a este tipo de situaciones, como Hugo Fonseca Viso y Adam Celis, con Eduardo Salinas y Oscar Yánez.

La recomendación de los expertos coincidió con la del MRI en cuanto a que había que evitar por todos los medios posibles la marcha programada, debido a los diversos peligros que ella encerraba. Informé mi conversación con Silva y, si mal no recuerdo, Vicente Brito sale de la reunión para comunicarse con él, pero con resultados negativos en cuanto a evitar la marcha.

En el curso de las deliberaciones surge la propuesta: "señores, la única forma de evitar que ellos vengan es salir a recibirlos en el punto de inicio de la marcha.".

Todos permanecimos por un tiempo en silencio rumiando los riesgos que esa inusitada acción podía significar. Por una parte, el gesto sería la expresión más acabada de la estrategia de salir a conectar con la gente, lo que comenzamos desde la época de Freddy Rojas en Fedecámaras y mía en Consecomercio, y de la cual Hugo Fonseca Viso, allí presente, era uno de los principales propulsores. Una acción exitosa en este sentido forzaría por demás la mano del Gobierno y de la CTV.

Los riesgos, por otra parte, eran considerables: si algo salía mal, nuestro prestigio (en especial el del presidente) como guías de la institución se vería comprometido; además, había posibilidades de agresión física si los ánimos se enardecían y las cosas se caldeaban.

Luego de discutir el tema acordamos que, de hacerlo, era preciso que fuéramos tan solo el presidente y los otros tres miembros del pequeño directorio, sin mayor protección policial o de otra índole que pudiera levantar suspicacias. Nos acompañarían el director ejecutivo, Rubén Astudillo y Edecio Brito Escobar a una distancia prudente.

Al final la decisión tenía que ser del presidente. Todos callamos esperando las palabras de Jorge. Luego de una larga pausa, en la que podía oírse caer un alfiler, éste dijo: "si hemos llegado hasta aquí no es para achicarnos en el último momento. Tengo fé en que los pensionados son gente razonable, tenemos que hacerlo, vamos a hacerlo.".

A la mañana siguiente salíamos hacia la Plaza Brion, Jorge Serrano, Luis Enrique Ball, Vicente Brito y yo armados cada uno con una carpeta contentiva de 100 copias del comunicado con la propuesta empresarial.

La sorpresa de los pensionados, que comenzaban a congregarse, fue mayúscula pues jamás pensaron encontrarse a pleno sol y mezclándose con ellos al presidente de Fedecámaras y a sus colaboradores más inmediatos. Casi enseguida nos encontramos separados por grupos que nos rodeaban individualmente, ansiosos de discutir con nosotros. Poco a poco se fue estableciendo un diálogo productivo (al menos todo lo productivo que podía ser en esas circunstancias), luego de la llegada de los diputados Silva y Tremont, hicimos una invitación a Fedecámaras, a las seis de la tarde de ese día, a un grupo manejable de pensionados que cupiera en nuestro salón de directorio.

Esa fue la primera de varias reuniones muy productivas que condujeron a que el jueves 7 de noviembre, en el auditorio de Fedecámaras y en presencia de más de doscientos pensionados, se firmara una declaración conjunta de seis puntos entre el Comité de Pensionados y Fedecámaras.

La relación Pensionados-Fedecámaras daba un mensaje claro e inusitado, tanto al Gobierno y la CTV como al mundo político, en cuanto a la forma en que actores de la sociedad civil pueden unirse en la búsqueda de soluciones a los problemas. Los pensionados se habían convertido en una fuerza política importante de medio millón de votantes que, como sucede en otros países, tiene la tendencia a acudir masivamente a las urnas con una agenda clara de sus necesidades y aspiraciones.

Al otro día, en Miraflores, el presidente de la República instalaba la Comisión Tripartita para la reforma integral de la seguridad social venezolana.

Luego de un largo camino de marchas y contramarchas, de numerosos intentos fallidos, comenzaba la etapa final del proceso de concertación en pos de la reforma. Estábamos convencidos de que esta vez no había margen para otro fracaso; le había llegado su momento a un cambio trascendental en las relaciones obrero-patronales venezolanas.

Notas al capítulo VII

[1]. La tendencia a subreservar los fondos de capitalización colectiva, cuya situación no está a la vista de los beneficiarios, es una tentación permanente en muchos países donde esos fondos operan y los niveles de contribución se fijan con injerencia del mundo político, cuya tendencia permanente por razones electorales es correr la arruga. éste, por cierto, es uno de los argumentos poderosos a favor de los sistemas de capitalización individual

[2]. Los pensionados constituyen una fuerza política temible en casi todos los países democráticos, entre otras cosas porque sus números se multiplican en las urnas al tener colectivamente el índice de abstención más bajo de cualquier grupo electoral.

[3]. Ver el libro *"El Sistema Chileno de Pensiones"*. Superintendencia de AFP, mayo de 1996, pp. 21 a 25.

[4]. Ver "La Propuesta Empresarial" en el apéndice de esta obra.

[5]. Tomado de las transcripciones del programa preparadas por TV Prensa.

CAPÍTULO VIII

CONSENSO ACELERADO: LA NUEVA SEGURIDAD SOCIAL

Los actores del Gobierno

La CTV y Fedecámaras habían coincidido en que era preciso abordar el problema de las prestaciones de manera integral en el contexto de la reforma de la seguridad social, pero había otra coincidencia igual de importante que hasta ahora no se ha mencionado: ambos sectores estábamos de acuerdo en que se precisaba un cambio de los actores del Gobierno, si es que se aspiraba a que las conversaciones tuvieran éxito.

En el sector empresarial estaban convencidos de que las conversaciones iniciadas en noviembre de 1995 con el ministro del Trabajo, Nepomuceno Garrido, como interlocutor gubernamental, no habían llegado más lejos, en buena medida, por la actitud del ministro. Éste había adoptado una posición en extremo neutral, como si no fuera el representante del mayor empleador del país y, por otra parte, demostraba un casi total desconocimiento de los efectos económicos de decisiones catalogadas como de índole social.

En el fondo, el problema se centraba en que el ministro Garrido, proveniente de una generación en la que determinados esquemas de la dinámica social eran inmutables. Él no creía que fuera posible un acuerdo entre actores tan disímiles, y daba la impresión de considerar las conversaciones como uno de esos esfuerzos inútiles, a los que hay que rendir pleitesía, pero sin mucha convicción de que pudieran derivar en nada útil.

En determinado momento durante el curso del año 96 le había expresado a Freddy Rojas Parra, ya en su condición de ministro de la economía, mi impresión personal de que solo si se incorporaba a los miembros del gabinete económico podríamos esperar resultados positivos de una nueva ronda de conversaciones. En igual tónica se habían dirigido a él, informalmente, Jorge Serrano, Luis Enrique Ball y Pedro Carmona, para la fecha nuevo presidente de Conindustria.

La CTV, por su parte, tenía sus propias desavenencias con el ministro Garrido y la forma en que éste abordaba los problemas relacionados con la contratación colectiva del sector público. Por otra parte, el ministro de Hacienda tenía estrechos lazos con el sector laboral, lo cual los hacía a todos igualmente proclives a incorporar a esos nuevos interlocutores, al parecer, así se lo hicieron saber al presidente Caldera. Es así como el presidente incorpora a los ministros de Economía al equipo gubernamental, designando al ministro de Cordiplan, Teodoro Petkoff, como su coordinador.

Difícilmente podía el gobierno haber encontrado un interlocutor mejor preparado para la labor que se le encomendaba que Teodoro Petkoff. Proveniente de la izquierda venezolana radical, había iniciado su vida política en las filas del Partido Comunista de Venezuela, sublevándose contra el orden constitucional en la época de las luchas guerrilleras de los años sesenta.

Luego de la pacificación, a finales del Gobierno de Raúl Leoni y principios del primer Gobierno de Rafael Caldera, como tantos otros, se había incorporado a la vida política institucional. Siempre contestatario, en 1968, en ocasión de la Primavera de Praga y la posterior invasión de los rusos a Checoslovaquia para reprimirla de manera sangrienta, Petkoff y un grupo de compañeros rompieron vínculos con el comunismo, fundando el partido Movimiento al Socialismo (MAS).

Hoy, en 1998, cuando el orden político comunista es un vago recuerdo de un imperio colapsado, la posición asumida por Petkoff en el 68 puede parecer a algunos menos trascendente, pero sin duda, la estatura del dirigente se ve al comprender la significación que tenía en esos años en los cuales dicho imperio era la alternativa mundial a las democracias capitalistas de Occidente y, al mismo tiempo, faro de buena parte de la izquierda latinoamericana.

La evolución del pensamiento económico de Petkoff, por otra parte, no quedó ahí, fosilizado en 1968, como a veces sucede con tantos otros líderes de diversos sectores para quienes todo lo acontecido, luego de su momento de gloria, no tiene pertinencia. Para él no pasaron en vano los trascendentales cambios producto de la globalización económica y las transformaciones de los movimientos socialistas en una izquierda modernizadora, como sucedió con Felipe González en España, Ricardo Lagos en Chile y Fernando Henrique Cardozo en Brasil. [1]

Durante el momento más oscuro de la economía de controles de los años 94 y 95, tuve ocasión de participar en una reunión informal a la que el entonces presidente de Fedecámaras, Edgar Romero Nava, había invitado a los directivos del MAS, como parte de un acercamiento con los partidos políticos. Me sorprendió la claridad de los criterios expresados por Teodoro Petkoff en cuanto a lo desastrosa que resultaba la política implementada y la importancia de ir a una apertura de la economía.

En ese momento, claro está, Petkoff se encontraba bien lejos de ser ministro de la economía, enfrentado como estaba a esas políticas inconvenientes. Aunque no tengo confirmación personal de ello, se le atribuye por ese entonces haber comentado con frustración durante una reunión de su partido. "¿Hasta cuándo vamos a permitir que los neoliberales tengan el monopolio del sentido común?".

Acompañaban a Petkoff en el equipo negociador del Gobierno, Freddy Rojas Parra, ministro de Fomento (ministerio que estaba abocado a transformar en el nuevo ministerio de Industria y Comercio) y Luis Raúl Matos Azocar, ministro de Hacienda. Así como, inevitablemente, el ministro del Trabajo, Nepomuceno Garrido, (quien pronto sería sustituido por la viceministra y luego titular de la cartera María Bernardoni de Govea).

De Freddy Rojas poco tendríamos que añadir a lo anteriormente dicho. Éramos desde hacía años compañeros de lucha en los objetivos de modernización económica, y su presencia, tanto en el gabinete como en el equipo negociador, era un buen augurio para el proceso que se iniciaba. En este sentido debo subrayar que no siempre las personas que provienen del sector empresarial mantienen la empatía con él, una vez en el poder, pareciera que se sienten obligados a probar a sus nuevos colegas del mundo oficial ese adagio de que "no hay peor cuña que la del mismo palo".

Respetuoso siempre de sus responsabilidades de Gobierno para con el bien común, su presencia en el equipo era garantía de que las posiciones empresariales tendrían una interpretación adecuada en el seno de las deliberaciones.

Con el ministro Matos nuestros sentimientos eran más ambivalentes. Él había estado al lado del Gobierno durante el proceso de la vuelta atrás y no alcanzábamos a precisar si había sido uno de sus artífices o si más bien había evitado que el trauma hubiese sido peor. Su presencia como jefe del gabinete económico, luego del regreso a la apertura, parecía indicar lo segundo.

Indiscutiblemente su presencia tenía que ser vista con buenos ojos por el sector sindical. Hijo de un dirigente obrero de Monagas, el Chico Matos, el ministro mantenía estrechos lazos con el movimiento obrero y había sido asesor económico de la CTV por muchos años. Además, la presencia del ministro de Hacienda en las conversaciones era esencial, si se iba a analizar de manera determinante el efecto y los costos económicos de las políticas sociales que se fueran a sugerir.

Otra vez en Miraflores

De nuevo nos encontrábamos en Miraflores en lo que, después de tantos años de frustrados intentos, parecía para muchos un ejercicio más de lo que se había convertido en una misión imposible. De hecho, el que ejercía para la fecha la presidencia de Consecomercio, Eliseo Sarmientos, no había querido asistir para no identificarse en el comienzo con una iniciativa que, de fracasar, podía crearle problemas con críticos que ya afloraban en el sector comercial.

En la antesala de la reunión se me acercaron Rodrigo Penso y Pablo Castro, miembros del comité ejecutivo de la CTV, por el MAS y el MEP, respectivamente. Rodrigo y Pablo son dirigentes laborales genuinos abocados permanentemente a la defensa de los intereses de sus representados. Siempre habían expresado criterios muy válidos (desde su óptica claro está) en las discusiones en que habían participado y sentían una frustración, compartida por muchos de nosotros, ante la imposibilidad de llegar a acuerdos.

Concheso, queremos que sepas que nuestro deseo es que estas conversaciones no fracasen, estamos convencidos de que no se puede esperar más para lograr los cambios y venimos con la disposición de lograrlos.

Me impactó favorablemente la sinceridad y la confianza al manifestarme su manera de pensar. Les contesté que, personalmente, coincidía con ellos y el sentimiento del resto de los representantes empresariales y, lo que es más importante, de nuestras bases, estaba en sintonía con ese espíritu.

Aduciendo la intención de lograr el mayor consenso, el Gobierno había ampliado la convocatoria al incluir actores distintos a la CTV y Fedecámaras. Por el lado sindical se convocó a las centrales sindicales CUTV, CGT y CODESA. La representatividad de esas organizaciones era pequeña pero importante para dar un sentido de unidad obrera, aunque en el curso de las conversaciones la fisura en el interior de ellas mismas hacía muy exigua su contribución.

Por el sector empresarial la convocatoria era a Fedecámaras y esta, a su vez, incorporaba en las conversaciones las cúpulas sectoriales. Ese día estábamos presentes el presidente Serrano, Luis Enrique Ball, Pedro Carmona y yo.

El Gobierno también había convocado a Fedeindustria, pretendiendo investirla indirectamente con una categoría de representación empresarial (que estaba lejos de poseer) equivalente a la de Fedecámaras, que tenía más de doscientas cámaras afiliadas, las cuales representaban un cuarto de millón de empresas, mientras Fedeindustria no llegaba a dos mil empresas y muchas de ellas también estaban en Fedecámaras. [2]

Esta convocatoria no era de nuestro agrado, en especial del presidente Serrano, porque en las presiones que el Gobierno ejerció para que Fedecámaras se reintegrara a la directiva del Seguro, Fedeindustria había desempeñado el papel de esquirol al aceptar los puestos directivos a los cuales Fedecámaras se había negado incorporar. En todo caso, había que intentar mantener a esa organización en nuestro campo y, para eso, era clave la labor de Conindustria, que, al fin y al cabo, era la institución que, a los fines nuestros, hablaba a nombre de ese sector.

La reunión fue relativamente breve y un mínimo de retórica en los discursos. Ya todo sobre el tema estaba dicho, y dicho varias veces. Se acordó que la primera reunión de trabajo sería en Cordiplan el martes 12 de noviembre; y a la misma se llevarían ya proposiciones concretas.

Formalmente quedó reseñado que los equipos de trabajo serían: por el Gobierno los ministros Petkoff, Matos Azócar, Rojas Parra y Garrido. Por el sector empresarial Jorge Serrano, Aurelio Concheso, Luis Enrique Ball y los presidentes de Conindustria y Consecomercio, Pedro Carmona y Eliseo Sarmiento, respectivamente. Por el sector sindical Fernando Barrientos, Absalón Méndez, Rodolfo Tinoco Smith, Oscar Meza y la licenciada Miriam Rodríguez; por Fedeindustria su presidente Henry Gómez y dos técnicos. [3]

Es importante notar la asimetría en las personas designadas por las centrales sindicales: Por el lado del Gobierno iban a estar presentes sus más altos voceros de rango ministerial, mientras que por el lado empresarial estarían quienes ostentaban la más alta representación dirigencial. El lado laboral se decidía por una representación eminentemente *técnica*. Esta diferencia iba a tener importantes repercusiones al inicio mismo de las discusiones.

Por primera vez en Cordiplan

El ministro Petkoff le había pedido a Federico Ramírez León y a Carlos Navarro que estuvieran presentes en la reunión del martes 12, si era posible con otros miembros de su Comité Ejecutivo para establecer los lineamientos de las conversaciones.

Por nuestra parte, ante la intención de la CTV de *tecnificar* las discusiones, estábamos convencidos de que ese no era el camino a seguir. Ya en el pasado sufrimos la frustrante experiencia de ver que, cuando las cuestiones se refieren a "comisiones de estudio", integradas por técnicos de parte y parte, tienen la tendencia a enfrascarse en el estudio de los detalles de los árboles haciéndole caso omiso al bosque. [4]

En ese sentido, la primera ruptura con el pasado había sido la Comisión Roosen, de mediados de año. Ahora tomábamos la decisión de mantener nuestra representación al más alto nivel. De constituirse una comisión de nivel técnico, la única diferencia por nuestra parte sería que la misma la coordinaría yo, como primer vicepresidente de Fedecámaras y el único que no estaría presente sería el presidente.

Convencidos, por lo demás, de que el martes 12 había que arrancar en serio, llegábamos con la sugerencia de que se discutiera primero la temática de la seguridad social, donde sin duda había menos conflictos, dejando para el final el escabroso tema de las prestaciones sociales.

Esta sugerencia fue aceptada, así como lo fue aquella hecha por el propio Petkoff, en el sentido de que diéramos una señal al país de la urgencia de la materia, sesionando de manera casi continua para ir logrando acuerdos parciales y manifestándolos en el momento oportuno. En este sentido, por ejemplo, había prácticamente un acuerdo de resolver lo de los pensionados, en términos similares a los que estos habían acordado con Fedecámaras.

Se decidió dividir las reuniones en *cupulares* (de nivel de políticas), que sesionarían todos los martes en la tarde y, en el caso que hubiese materia que decidir, también los jueves y, en *técnicas,* donde se prepararían las recomendaciones para las reuniones de los martes. En el espíritu de la urgencia, la primera reunión de la comisión técnica se celebraba el siguiente miércoles 13 de noviembre, para ella ya anunciábamos que traeríamos propuestas concretas del empresariado en materia de salud y pensiones.

Durante el fin de semana del 9 y 10 de noviembre y el lunes 11 de noviembre, Luis Enrique Ball y yo ampliamos y puntualizamos las propuestas empresariales en torno a los temas arriba indicados. Como he mencionado anteriormente, Luis Enrique dominaba el tema de salud y yo el de pensiones; juntos teníamos una visión estratégica de hacia dónde debería ir la seguridad social. Preparamos una sencilla presentación en láminas que estaba orientada a tres objetivos.

Primero establecimos una serie de definiciones en lo que designamos "Principios Rectores", para disipar malos entendidos que percibimos existían en el debate, por ejemplo; muchos técnicos del sector laboral y gubernamental confundían el concepto de *solidaridad social* con el de *subsidios cruzados* e inclusive utilizaban, de manera intercambiable pero errónea, el término "solidaridad" para referirse a la solidaridad social y la solidaridad intergeneracional (presente en los sistemas de pensiones de reparto) que obviamente eran conceptos distintos. [5]

En este sentido, nos preocupaba dejar sentado que el concepto de equidad, en el financiamiento de un sistema, no puede lograrse por la vía de los subsidios cruzados, sino que tiene que venir de aportes del presupuesto nacional, el cual, proviniendo de los impuestos generales, permite que la equidad se logre en la estructura del régimen impositivo.

Dentro del mismo orden de ideas planteábamos que era importante incorporar el concepto de la *eficiencia* (entendido éste como la optimización de la utilización de los recursos) que se encontraba ausente de todos los enunciados de principios de la seguridad social tradicional.

En segundo lugar, presentábamos en forma esquematizada lo que a nuestro juicio debería ser la separación de funciones, para que un nuevo sistema de seguridad social no estuviera sujeto a los mismos vicios que el anterior. En ese sentido puntualizábamos que era necesario separar *la función normativa del sistema* de la *función reguladora* (que debía quedar en manos de superintendencias específicas, altamente tecnificadas en la materia de su competencia). Asimismo, debería quedar separada la *función de operación* o prestación de los servicios determinados. [6]

No solo la evidencia empírica del fracaso del modelo del IVSS, sino la más sana lógica organizacional moderna, indicaba que una estructura en la cual quien norma también regula y, por lo demás, administra de manera monopólica, genera una situación de despacharse y darse el vuelto que difícilmente logra la eficiencia y la transparencia. Esto era un cambio radical del concepto que había regido dentro del esquema de *voluntarismo centralista* [7] con que se habían manejado las cosas, pero era el eje central de nuestra propuesta.

Finalmente, planteábamos que cada aspecto de la seguridad social era muy complejo e importante como para tener que ser desarrollado por separado como un subsistema. Los subsistemas (de salud, de pensiones y de paro forzoso, entre otros) deberían tener normativas legales propias, con suficiente flexibilidad como para ir evolucionando con las realidades tecnológicas y sociales en el tiempo.

Dentro de este concepto, orientado específicamente a los sistemas de salud y pensiones que fueron los que más desarrollamos, decíamos que el eje de la nueva seguridad social debería ser la libertad de elegir el sistema por parte de los usuarios (motorización por la demanda) y no la imposición de un servicio específico por los gremios (motorización por la oferta), lo que había creado una odiosa diferenciación en el país entre ciudadanos de segunda (los obligados a usar los servicios del IVSS) y de primera (los que a través de pólizas HCM y programas de pensiones de capitalización individual podían acceder a la oferta privada existente).

Dentro del desarrollo de los subsistemas de salud y pensiones asomábamos varios mecanismos de prestación de servicios:

En materia de salud insistíamos en la descentralización y en darle la opción a quienes quisieran (asociaciones civiles, operadores privados, gobernaciones, alcaldías, grupos religiosos, entre otros) a operar centros de servicios dentro del sistema, de igual forma, que se abriera el campo para las empresas que atendían el seguro médico, como alternativa al asegurado.

En materia de pensiones proponíamos la capitalización individual como eje del sistema, pero sin soslayar el hecho de que una parte, cuando menos, de una pensión mínima vital, debería manejarse por el sistema de solidaridad intergeneracional. [8]

Mucho de lo que contenía nuestra presentación había sido discutido en foros y otras instancias con dirigentes como Carlos Navarro y técnicos como Fernando Barrientos y Oscar Meza de la CTV y se acercaba a lo que ellos veían como solución más conveniente. Como resultado, en la comisión de alto nivel, nuestras propuestas fueron bien vistas y quedaban como primer punto de discusión para las reuniones de la comisión técnica.

Dogmatismo desbordado

Aunque, debido a las limitaciones señaladas, decidimos mantener un nivel casi equivalente tanto en la delegación técnica como cupular, nada nos había preparado para la sorpresa que experimentamos al ver el contingente de personas que, por la parte laboral, acudía a la primera reunión de la comisión técnica.

El gobierno había delegado la coordinación en León Arismendi, del equipo de colaboradores de Petkoff en Cordiplan, quien actuaba como secretario de la Tripartita, y, simultáneamente, asistían técnicos de Hacienda y Trabajo, pero como era lógico suponer, ninguno de los ministros estaba presente.

La delegación laboral la presidía Fernando Barrientos, persona competente y de entera confianza del Comité Ejecutivo de la CTV. Bueno, eso de que la presidia era relativo, pues en la delegación laboral había no menos de treinta personas y, lo que es peor, cada una de ellas con una agenda filosófica en oposición diametral, no solo a lo que nosotros propusimos, sino también a lo que personas como Barrientos y Oscar Mesa planteaban como visión laboral de los cambios necesarios.

El eje de los planteamientos contrapuestos era un proyecto de ley de seguridad social que durante años propugnaron algunos de los presentes, liderados por el señor Absalón Méndez. Ese proyecto, que constaba de cientos de artículos, era un verdadero Código de Hammurabi [9] de la seguridad social y pretendía perpetuar y profundizar todos los vicios de la centralización y la regimentación detallada, que habían dado al traste con el sistema anterior. Entre las perlas en él contenidas se encontraba la idea de que el presidente de ese mastodonte macrocefálico que se proponía crear fuera electo, como el presidente de la República, ¡por todos los ciudadanos! Y bien hubiera tenido que ser así, pues de prosperar semejante adefesio el César de la seguridad social venezolana hubiera sido el hombre más poderoso de Venezuela y quizá del Continente.

A eso había que añadirle planteamientos dogmáticos en contra de cualquier viso de descentralización o el menor asomo de privatización, que luego supe que venían de una corriente del sector obrero conocido como "trotskista" que, afortunadamente para el país, constituyen un grupúsculo de una de las centrales obreras, pero que llegaron en bloque a exponer sus "tecnicismos".

Realmente León Arismendi no había venido preparado para coordinar este tipo de reunión, y nosotros –que éramos solamente seis personas– dábamos la impresión de franca minoría en esa asamblea popular. En esa minoría quedaban incluidos también Barrientos y Mesa que eran, irónicamente, quienes sí ostentaban la representación de la inmensa mayoría de los trabajadores.

Luego de la catarsis de múltiples intervenciones de la galería de *técnicos* laborales, logré llamar aparte a Arismendi para recordarle que se suponía que la reunión era tripartita, en consecuencia, a cada intervención laboral correspondía una réplica empresarial y, para poner orden en nuestro sector, acordamos que yo coordinaría las intervenciones de los de nuestra delegación y parecía prudente que se le diera la misma prerrogativa a Barrientos, por la parte laboral.

Una vez establecido este esquema, las conversaciones comenzaron a fluir, pero a expensas del visible disgusto de Méndez y sus huestes. Fernando Barrientos retomó el control y fue él mismo quien sugirió que nos abocáramos al tema de los pensionados, donde estábamos muy cerca de un acuerdo total, al menos trabajadores y empleadores, solo faltaba la opinión de Hacienda en cuanto al compromiso que en esta materia iba a asumir el Gobierno.

Saliendo de esa primera reunión le recomendé a Fernando Barrientos que, a la par que informaba a su Comité Directivo, les sugiriera que durante las reuniones técnicas estuviera presente alguno de sus integrantes. Al parecer nuestro consejo fue aceptado, o ellos llegaron a la misma conclusión, pues en la reunión del día siguiente estaban presentes Freddy Iriarte y Carlos Navarro.

De ahí en adelante siempre hubo un directivo de la CTV presente en las reuniones. Los directivos de otras centrales también entendieron la importancia de mantener un alto nivel en las reuniones; tanto William Franco, de CODESA, como Tomás Sánchez de la CGT, estuvieron presentes casi ininterrumpidamente. A nuestro modo de ver ese fue un elemento clave para que las conversaciones marcharan con celeridad. A los técnicos ideologizados no los volvimos a ver durante el resto de las conversaciones en la Tripartita, pero reaparecerían más adelante en otras instancias.

Acuerdo y más acuerdos

Luego de allanado el camino en la comisión técnica, los acuerdos comenzaron a fluir. Para la reunión de la comisión de alto nivel del martes 19 de noviembre estábamos en condiciones de anunciar el primer acuerdo en torno a la forma de solucionar el drama de los pensionados. El Gobierno, en la persona del ministro de Hacienda, reconocía que atender este problema era de su incumbencia y debía hacerlo para dejar campo libre a un nuevo sistema que pudiera ser financiado por sus usuarios.

El siguiente punto abordado fue el concerniente al sistema de pensiones. La diferencia fundamental era que los trabajadores insistían en que hubiese un sistema de solidaridad intergeneracional obligatorio, con un fondo de capitalización colectiva y el sistema de capitalización individual fuese voluntario y optativo. Era similar al modelo adoptado en Colombia, pero tenía, a nuestro modo de ver, dos fallas importantes:

Primero, al existir un fondo público de reparto compitiendo con fondos privados de capitalización individual, la tentación sería la de aumentar los beneficios del fondo público por encima de lo que los cálculos actuariales aconsejaban, gracias a la ausencia de vínculo entre aportes y beneficios. Segundo, cualquier fondo de capitalización colectivo creaba un sesgo al despilfarro que casi le garantizaba correr la misma suerte que el anterior del IVSS.

Por otra parte, visto que el actual sistema estaba colapsado y gran parte de la población se encontraba muy cerca del salario mínimo, nosotros no veíamos con malos ojos que el sistema que se estructurara fuese de lo que se denomina de "tres columnas" (como acababa de implementarse en Uruguay) donde una primera columna sería un sistema de reparto para una pensión, que fuera un tanto más allá de una pensión mínima vital. La segunda columna debería ser la capitalización individual obligatoria hasta un número determinado de salarios mínimos; y la tercera la capitalización individual voluntaria (exenta de impuesto sobre la renta) hasta otro múltiplo de salarios mínimos.

Es importante resaltar que las discusiones de las distintas alternativas se fueron llevando dentro de un alto grado de compromiso de buscar lo que mejor convenía al país. Tanto la dirigencia laboral, como la empresarial y los propios ministros eran personas que llevábamos años viendo el desarrollo de otros sistemas como el chileno, el español y el argentino, entre otros. En el curso de las deliberaciones sobre puntos determinados, las coincidencias no se alineaban necesariamente de manera sectorial, hasta que al final se decidió la conveniencia del sistema mixto arriba descrito.

En materia de salud, las principales divergencias estaban dadas por nuestra insistencia en una descentralización inmediata del IVSS hacia las gobernaciones, y las resistencias del sector laboral a esta como única –o cuando menos– principal vía de reorganización del servicio. El argumento de los trabajadores era el temor que a nivel de las gobernaciones se repitieran los vicios de la administración centralizada. Creo que su argumento tenía alguna validez, pero percibíamos que detrás de los mismos, de alguna manera, se agazapaban las presiones de los gremios de la salud.

Luego de deliberar los acuerdos básicos en esta materia, las discusiones giraron en torno a la separación de la función aseguradora del IVSS de la función de asistencia médica. También se trató lo relacionado con la transformación del Fondo de Asistencia Médica del IVSS en el Fondo de Salud de los afiliados. Asimismo, se examinó el tema de la libre escogencia, por parte del asegurado, de su centro de atención médica. De igual manera, se discutió sobre la creación de fondos de salud complementarios y la administración, bajo diversas modalidades de gestión (públicos mixtos o privados), de la actual red asistencial del IVSS.

Para el jueves 12 de diciembre, con un mes escaso de reuniones, se lograron los acuerdos básicos en torno a un nuevo sistema de seguridad social cuyo diseño apuntaba en la dirección modernizadora a la que el país aspiraba. Pasaría un año antes de que el 30 de diciembre de 1997 esos acuerdos recibieran el ejecútese como nueva Ley Orgánica del Sistema de Seguridad Social Integral (conocida también como Ley Marco de Seguridad Social). Pero entre medias de una fecha y otra faltaba la gran batalla para la que todos nos estuvimos preparando y de la cual el país entero esperaba resultados concretos a la mayor brevedad:

¡La reforma del régimen de prestaciones sociales!

Notas al capítulo VIII

[1]. La extensión de este trabajo no permite profundizar aspectos de dinámica política de las reformas, pero es un hecho que un número importante de las transformaciones modernizadoras, etiquetadas como neoliberales por sus enemigos, para descalificarlas han sido implementadas por líderes políticos de la izquierda y de centro-izquierda.

[2]. Todos los gobiernos en general y los populistas latinoamericanos en particular, tienen una relación especial con la pequeña empresa como actor social. En Venezuela ese movimiento, que en otros países se conoce como el de las PYME (pequeñas y medianas **empresas**), se limita a las PYMI (pequeñas y medianas **industrias**). Esta anomalía se origina en un distorsionado concepto de la teoría del valor, en el que las empresas comerciales, de servicio, o de construcción no generan o producen riqueza.

[3]. La delegación empresarial fue luego ampliada al incluir al presidente de Fedeagro, Hirám Gaviria, a Berend Roosen por Fedecámaras, a Fedor Saldivia por Conindustria y a Egildo Luján por Consecomercio.

[4]. Los denominados técnicos o especialistas en materias como esta, tienden a moverse en torno a reformas incrementales, dentro de los esquemas existentes, lo cual explica en cierto modo por qué innumerables comisiones técnicas fracasaron al proponer cambios muy costosos o de otra forma inviables para transitar a un nuevo modelo.

[5]. La necesidad de aclarar estas definiciones se hizo patente en una de las primeras reuniones, cuando fue necesario explicarle pacientemente a un exministro del Trabajo, asesor del Gobierno, que existía una marcada diferencia entre solidaridad social e intergeneracional.

[6]. La desagregación de funciones (con su consecuente desconcentración de poder) y la descentralización, es una de las diferencias fundamentales entre lo que sostenían los partidarios del sistema antiguo y el sistema que por fin se adoptó.

[7]. *El voluntarismo centralista* es un concepto enunciado por Hernando de Soto en su libro El Otro Sendero (Editorial Oveja Negra, Bogotá 1987 pp. 291-295), y encuentra su sustento en considerar que las instituciones sociales son el resultado de las acciones deliberadas de los gobernantes. El error de este concepto es que, en un mundo complejo

e informatizado, un gobernante, por iluminado que sea, no puede pretender conocer todo lo que pasa en su esfera de competencia, mucho menos, aspirar a edificar sobre ese conocimiento un orden social viable.

[8]. Todo sistema de capitalización individual tiene algún elemento de reparto. El caso más comúnmente citado como de capitalización individual pura, es el sistema chileno, el cual tiene una porción de reparto comprendida en una pensión mínima vital que se financia no de las contribuciones directas a las pensiones, sino de fondos públicos provenientes de los impuestos generales. La importancia de financiar manifestaciones de solidaridad social como esta de impuestos generales, es que se minimizan así los subsidios cruzados y se promueve la equidad, pues el sistema de impuestos generales debe estructurarse para que quienes más poseen contribuyan proporcionalmente más.

[9]. Rey de Babilonia, de 1750 a.C.– 1792 a. C., que pretendió regular mediante una codificación detallada (conocida como Código Hammurabi) casi todas las conductas de sus súbditos, con los resultados que podrían esperarse de ese tipo de intento.

CAPÍTULO IX
EL NUDO GORDIANO

Boxeo de sombra

En otros países del continente y del mundo, producir cambios en los esquemas de seguridad social crea grandes tensiones políticas y sociales debido a la gran cantidad de personas que se benefician de los sistemas existentes. España, por ejemplo, cuenta con más de once millones, de pensionados que forman un bloque de votantes colosal. La sola mención de cambios en el Medicare o el Medicaid de Estados Unidos, pone a temblar a Republicanos y Demócratas por igual, ante el activismo potencial de las legiones de beneficiarios.

En Venezuela logramos concertar cambios profundos en escasas semanas porque la seguridad social existente tenía pocos clientes satisfechos. Otra cosa muy distinta, sin embargo, era el tema de modificar el régimen de prestaciones sociales.

Para la dirigencia laboral significaba modificar algo que, más allá de su utilidad práctica, se había convertido en una bandera con la cual le resultaba fácil arroparse a sus enemigos con el solo grito de "¡no al robo de las prestaciones!".

En el sector empresarial las cosas no eran diferentes. Ya hemos mencionado la asimetría existente entre lo que estaban dispuestas a aceptar las grandes empresas y lo que consideraban aceptable las pequeñas, muchas de las cuales resolvieron el problema de las prestaciones informalizándose o liquidando y rotando con frecuencia su personal. Para estas últimas, cualquier arreglo sonaba a aumento de sueldo obligatorio y, en una economía deprimida, eso era lo último que necesitaban.

Esa asimetría era por demás fácilmente utilizable por quienes le tenían puesta la mira a las instituciones en un año de cambio de autoridades empresariales. Nada más fácil que preparar el discurso opositor sobre el seguro fracaso de las deliberaciones, montándose en el último momento en el carro del éxito, si es que éste sobrevenía sorpresivamente, pero capitalizando a quienes quedaron descontentos por los costos que les significaba el cambio.

Con todas estas limitantes no podía sorprender a nadie que las primeras reuniones en torno al tema de las prestaciones constituyeran una suerte de boxeo de sombra. La primera de estas reuniones se celebró el 19 de diciembre del 96 y era la última de ese año. En la misma, todos nos cuidamos de andar prudentemente por las ramas para no hacer conflictivas las fechas navideñas, permitiendo más bien que la tónica de cierre de año fuera la del acuerdo sobre seguridad social. Se acordó, no obstante, que había una relación entre prestaciones y salarios que no se podía ignorar en las discusiones subsiguientes.

Para la primera reunión del año 97, ya Petkoff, en su condición de coordinador, asumía la responsabilidad de hacer precisiones más concretas. El enfoque de Petkoff era que la materia de prestaciones debería verse como una gran transacción social en la que se lograba la recomposición del salario a cambio de eliminar de la retroactividad, como fórmula de cálculo de las prestaciones.

Quizás expuesto así, ahora que el sistema ya se modificó, no parece de mayor trascendencia, pero en aquel momento nos quedaba claro que solo un concertador social como Petkoff, venido de las luchas sociales con impecables credenciales de izquierda contestataria, era capaz de hacerle un planteamiento de esa naturaleza a las centrales sindicales, sin que estas se levantaran de la mesa.

En conversaciones informales con miembros del gobierno, les sugerimos que las primeras iniciativas vinieran de ellos, para no reeditar la pasividad con que Garrido había abordado el tema, prácticamente forzando una confrontación obrero-patronal. Los planteamientos del ministro Petkoff estaban en el espíritu de lo que conversamos.

Hechos y no palabras

Hasta ahí las propuestas, incluida la que anunciaba Petkoff el 9 de enero, habían sido verbales. La dirigencia sindical las había aceptado haciendo sus observaciones también de manera verbal, pero esta quería que cesara el boxeo de sombra y que se hicieran propuestas por escrito. Así lo manifestaron y así nos comprometimos a hacer para la reunión del 16 de enero.

Más allá de la transacción social de resalarización a cambio de retroactividad, el problema del sector empresarial era que la *liquidación doble* o, hasta triple, que aspiraba la CTV para aprobar un cambio, no era aceptable. No era aceptable porque la mayoría de las empresas tenía reservado en sus libros lo que mandaba la ley, es decir, la liquidación sencilla, un cambio a doble les creaba un nuevo pasivo instantáneo, de la noche a la mañana, que no estaban en condición de servir. Esto era grave en particular para empresas del sector comercio y servicios donde el componente de mano de obra en sus costos es elevado.

Había, sin embargo, una ventana de negociación. Desde hacía varios años, en el curso de uno de esos innumerables foros a los que asistíamos, le había manifestado a Carlos Navarro que parte del problema con las prestaciones era que, en muchas de las empresas, un porcentaje alto de la reserva total era para ejecutivos medios y altos y no para los trabajadores. En consecuencia, una fórmula que le pusiera un tope a los salarios que se bonificarían más allá de la ley, en una eventual transacción, la haría más viable. Al parecer, Carlos me tomó la palabra, porque en sucesivas propuestas laborales el concepto de topes salariales comenzó a surgir.

En esta oportunidad aprovechábamos ese concepto para incluirlo en la propuesta que íbamos a presentar, enmarcándola así:

> Las prestaciones sociales acumuladas y causadas al 31-12-96 se cancelarán de conformidad con lo previsto en el artículo 108 de la Ley Orgánica del Trabajo. Adicionalmente se otorgará el pago de una compensación única por transferencia equivalente al salario básico mensual devengado a la fecha de corte, por el número de años de antigüedad de cada trabajador; el salario básico de cálculo no excederá de 5 salarios mínimos mensuales.

Planteábamos, 30 días de antigüedad, abonables anualmente para el primer año y 60 días del segundo año en adelante. Además, la fijación de un salario mínimo recompuesto por la vía de la incorporación a él de los bonos salariales, una vez que se hubiera efectuado el cambio de sistema. Si bien no colocábamos la cifra sobre la mesa, pensábamos que una cifra de equilibrio para el nuevo salario mínimo estaba en el orden de los Bs. 70.000 mensuales.

Nuestra propuesta y la del sector oficial fueron presentadas en la reunión del jueves 16 de enero de 1997. La delegación laboral las recibió sin mayores comentarios y solicitó un tiempo prudencial para estudiarlas y formular su contrapropuesta. La pelota la habíamos colocado en el lado de la cancha de los trabajadores, era lógico que les diéramos el tiempo que necesitaban para hacer las consultas correspondientes. El lapso de espera, por lo demás, era bienvenido, pues los trabajadores no eran los únicos que tenían que tratar de mantener a sus bases unidas.

El jueves 23 circulábamos información a las cámaras empresariales, haciendo un llamado a "mantener la mayor prudencia en manifestaciones públicas" sobre el tema. Al mismo tiempo, convocamos a un Consejo Nacional en el que se informaría lo acordado en materia de seguridad social y las propuestas presentadas a los trabajadores en materia salarial y de prestaciones.

Subiendo la apuesta

La respuesta de los trabajadores demoró cuatro semanas en llegar. Fue necesario reprogramar las reuniones en varias oportunidades hasta que, por fin, el día viernes 14 de febrero en la mañana, nos reunimos para oír la contrapropuesta de las centrales sindicales, a las cuales, por cierto, se habían incorporado, no sabíamos por qué causa, los profesores de FAPUV y algo llamado el "Foro Profesional", que nunca supimos con claridad a qué profesionales representaba. A pesar de la fecha, la carta que se nos mostraba no era precisamente una de enamorados.

En ese momento entendimos por qué se había demorado tanto la contrapropuesta laboral: se necesitaba tiempo para incluir en ella –como se hizo– cuanta aspiración o sugerencia que, en algún momento, alguien había expresado como conveniente o útil para beneficiar a los trabajadores en un cambio de régimen.

Se planteaba, entre otras cosas, la salarización de todos los bonos antes de proceder a las liquidaciones del antiguo régimen, las cuales se harían a razón de triple, dobles y media y dobles, según determinadas escalas; una indexación disfrazada como "corrección monetaria", en una escala móvil, partiendo de un aumento de 145% para el salario mínimo recompuesto, y ¡prestaciones desde 2 hasta 5 meses, según los años de servicio en el nuevo sistema!

Viendo las cosas desde la perspectiva del tiempo, considero que articular la propuesta laboral como una suerte de carta al niño Jesús fue una movida magistral de Federico Ramírez León. Considero que fue así porque lo desmesurado de la propuesta permitió desarmar a los críticos y adversarios del presidente de la CTV dentro del movimiento obrero, sin embargo, no fue esa nuestra primera reacción ese día de los enamorados.

Recuerdo que, una vez leída la propuesta y antes de contestarla, Jorge Serrano pidió tiempo para reunirnos en un aparte los de la delegación empresarial. Una vez en el salón de reunión, Jorge colocó con fuerza su carpeta sobre la mesa y, haciendo un esfuerzo por contener su justificada ira, dijo "Señores, es una burla que luego de tanta espera nos presenten semejante propuesta, tan totalmente inaceptable. Yo creo que la CTV lo que quiere es romper las conversaciones y, si ustedes están de acuerdo, propongo que nos retiremos de una vez.".

Pedro Carmona, uno de los más diplomáticos de nuestros negociadores que más de una vez había echado aceite sobre las aguas turbulentas con su ecuanimidad, se sentía igual de burlado e incómodo que nuestro presidente. Curiosamente, los que más fama de "halcones" teníamos, vimos con menos incomodidad la propuesta. Quizás era porque la presencia de FAPUV y el Foro Profesional de Isidro Molina desentonaba e indicaba que había algo que no estaba a la vista, tal vez porque, habiendo llegado tan lejos, valía la pena cuando menos ver cómo era recibida semejante propuesta en la calle.

El caso es que convencimos al presidente Serrano de que lo más indicado era regresar, contestar con una respuesta más o menos dura, pero dejar abierta la puerta para que nuestra Comisión de Economía le pusiera bolívares y céntimos a lo que proponían los trabajadores. Así lo hicimos, y hubo chispazos provenientes del sector laboral en respuesta a los comentarios que nos tocó hacer a Luis Enrique Ball y a mí como voceros.

Petkoff, siempre conciliador, resaltaba lo positivo que significaba que, cuando menos el sector laboral, por primera vez, había aceptado que se discutiera sobre la base de eliminar la retroactividad.

Sacando cuentas

Decíamos que, vista retrospectivamente, la propuesta laboral, por lo exagerada, resultó siendo la mejor vía para llegar a un acuerdo razonable. No terminábamos de salir de las torres de Parque Central, cuando convocamos a Nelson Ortiz y a los integrantes de la Comisión de Economía para que le "echaran lápiz" a los costos de la propuesta. Por su parte, otro tanto hacía el sector oficial, con la ayuda de Ramón Espinoza en PDVSA y Luis Carlos Palacios en Cordiplan. Éste último había estado asesorando a Petkoff en los aspectos macroeconómicos de los acuerdos.

Para el lunes al mediodía, la Comisión de Economía de Fedecámaras ya tenía una evaluación preliminar, sustentada en una base de datos macroeconómicos de uno de sus integrantes, Efraín Velázquez. Su informe me permitió declararle ese mismo día a Rosita Regalado, del diario *El Nacional.*

> El primer informe que recibimos de las comisiones técnicas reunidas este fin de semana revela que la propuesta es inviable, inconveniente y contraproducente, porque se va a devolver en contra de los trabajadores. Al aplicarle un análisis macroeconómico se determina que la economía no tiene capacidad para enfrentar los compromisos señalados en el documento. Son cifras que superan los 12 mil millones de dólares y todo el circulante de la economía no llega a 5 mil (*El Nacional:* 17-02-97).

Para dejar una puerta abierta a futuras negociaciones, terminaba diciendo que:

> (…) lo único que encontramos positivo los empresarios es que por primera vez oímos del sector sindical el reconocimiento de que hay que cambiar el actual sistema de cálculo de las prestaciones por una liquidación anual. (*El Nacional:* 17-02-97).

Las reacciones de la CTV no se hicieron esperar, pero eran alentadoras. Federico Ramírez León pedía que los empresarios formularan una nueva propuesta, si la laboral no les parecía adecuada, pero abría la puerta a mayor diálogo, a la vez que aprovechaba para declarar lo siguiente:

> (...) pienso que Aurelio Concheso debería ser contratado por el FMI, porque a la velocidad del rayo saca unas cifras de no sé de dónde. Los pasivos laborales acumulados por el Estado no llegan a los dos billones y medio de bolívares y, en el supuesto que se calculen dobles, serían 5 billones... [1]

Lo que el sector laboral había propuesto equivalía a un cálculo cuádruple, hasta quíntuple en algunos casos, sobre los pasivos ya existentes y pronto iban a ser validadas las cifras que los empresarios determinamos "a la velocidad del rayo". Por primera vez en Venezuela, materias relacionadas con la dinámica social se colocaban bajo la lupa del análisis económico frío y objetivo para determinar sus verdaderas consecuencias.

Hacia dentro del sector empresarial el debate continuaba. La propuesta sindical había levantado temores en el sentido de que la solución iba a ser muy costosa para las pequeñas y medianas empresas. A este conflicto se le sumaba una lucha electoral en Consecomercio, programada para finales de abril entre la gente de Eliseo Sarmiento y los partidarios de Edgardo Berti, que enturbiaba las aguas.

A los fines de tener todas las ópticas del sector comercial, representadas en nuestro equipo, incorporamos a Berend Roosen, cuyos nexos con el comercio en proceso de modernización ofrecía un contrapeso de perspectiva a la de microempresa comercial tradicional, a través de cuya óptica Eliseo Sarmiento fijaba sus posiciones.

Una oposición de los pequeños empresarios era lo último que necesitábamos en esta etapa delicada de negociación. En consecuencia, el método de cálculo de lo que eventualmente se denominó "compensación por transferencia" era crucial. La cifra que parecía aceptable a todos estaba en el orden de 1.5 veces las prestaciones reservadas de acuerdo a la ley.

Todo o nada

Quedaba la impresión de que el tiempo se nos estaba agotando a ambos lados, pues, si las conversaciones se prolongaban más, las fuerzas centrífugas interesadas en que fracasáramos iban a llevar la mejor parte. Ante esta realidad, en la reunión del pequeño directorio de Fedecámaras, le recomendamos a Jorge que sostuviera una comunicación directa, personal y de bajo perfil con Federico Ramírez León. Conversaron ambos y acordaron que había llegado el momento de ponerle un límite de tiempo a las conversaciones.

Para el martes 11 de marzo estaba pautada la siguiente reunión de la tripartita en la que los empresarios y el Gobierno íbamos a dar respuesta a la propuesta del sector laboral. Federico y Jorge pensaban que la fecha del sábado 15 debería ser el límite de las conversaciones. Ese día, o llegábamos a un acuerdo o nos levantábamos de la mesa y cada quien explicaba, desde su óptica, por qué de nuevo se había llegado a un fracaso.

Por nuestra parte, a través de Freddy Rojas, le informamos al Gobierno nuestra intención de adherirnos a un autoimpuesto ultimátum, y suponemos que la CTV lo hizo por sus propias vías. La fecha tope implicaba reuniones en sesión permanente para las cuales todos tuvimos que hacer una limpieza de nuestras apretadas agendas, dejando a un lado cualquier otro compromiso.

Con esos preámbulos acudimos a Cordiplan para la reunión del martes 11. De ahí en adelante sesionaríamos en las oficinas del MIC en la avenida Libertador, donde, al menos, había el consenso generalizado de que los sándwiches eran mejores que los de Cordiplan. A partir de ese momento y hasta el sábado 14, a eso de las ocho de la noche, se puede decir que la tripartita –al más alto nivel– estuvo en sesión permanente, solo interrumpiéndose para que sus integrantes durmieran unas horas mientras los técnicos corrían entre diversos escenarios.

Claro está que en determinados momentos algunos de los integrantes teníamos que ausentarnos para cumplir compromisos ineludibles de diversa índole, pero en todo momento estuvieron presentes el presidente o el primer vicepresidente de Fedecámaras, el presidente o el secretario general de la CTV y, cuando menos, dos de los cuatro ministros que integraban el equipo negociador gubernamental. Además, la mayoría del resto de los negociadores, en lo que, sin duda, es una concertación sin parangón en los anales de las negociaciones sociales en el país.

Comenzábamos las maratónicas reuniones finales desde puntos muy distantes, pero teníamos algo a favor de un entendimiento: la proposición de los trabajadores era totalmente inviable, tal como lo había indicado nuestros economistas. Las cifras que anunciamos eran validadas por las que Cordiplan y PDVSA le presentaban a la comisión en el segundo día de reuniones, a través de Luis Carlos Palacios y, en un gesto de honestidad intelectual que los enaltece, la dirigencia laboral admitía esa realidad y comenzaba a negociar en serio.

El segundo punto de quiebre de las negociaciones fue una propuesta del ministro de Hacienda quien, en el tercer día de reuniones, sugirió que el problema de la asimetría empresarial entre empresas grandes y pequeñas se resolviera con topes distintos de salarios para el bono de transferencia, según que las empresas fueran grandes, medianas o pequeñas. Esto, combinado con un tope en el tiempo para la cancelación del bono, que primero se colocó en cinco y luego en siete años, permitía abarcar el máximo de beneficiados sin causarle daño a las empresas pequeñas. Una vez abierto el camino, ya era cuestión de buscar topes razonables.

Finalmente, en materia de fijación de salario mínimo, como era de esperarse, nos encontrábamos distanciados, pero al fin y al cabo esa era una potestad del Ejecutivo y nos permitía llegar al final dejando expresado nuestros criterios y la decisión en manos de quien le competía.

La reunión del viernes 14 se prolongó hasta las dos de la madrugada. En ella se terminaron de discutir los puntos que quedaban pendientes. Al otro día, en Cordiplan, se redactaba el documento final. De esa reunión salíamos a eso de las ocho de la noche Pedro Carmona, Berend Roosen, Eliseo Sarmiento y yo, cuando el reportero gráfico de *El Universal* nos pidió "sonrían para darle una señal positiva a la ciudadanía", así lo hicimos, aunque más con cara de cansancio que de alegría.

Alicia Aguilar, del *El Nacional,* que por algún artificio de esos que usan los amigos de la prensa, había logrado colar un duende en la reunión, a pesar del pacto de silencio que acordamos, reseñó los últimos momentos de las conversaciones tripartitas.

La Comisión Tripartita para la Reforma de la Seguridad Social concluyó anoche (sábado 15-3-97) la tarea asignada por el presidente de la República. Mañana el jefe de Estado convocará a las fuerzas vivas a un acto protocolar en el Palacio de Miraflores para la firma de los acuerdos que incluyen la eliminación del régimen de recálculo de las prestaciones sociales. La culminación de varios meses de trabajo tripartito fue festejada con aplausos por los presentes, entre ellos el ministro de Cordiplan, Teodoro Petkoff, el vicepresidente de Fedecámaras Aurelio Concheso; el presidente de Fedeindustria, Henry Gómez Alberti; el secretario general de la CTV, Carlos Navarro; los presidentes de Conindustria y Consecomercio, Pedro Carmona y Eliseo Sarmiento y el expresidente de Consecomercio, Berend Roosen. [2] (*El Nacional:* 16-03-97).

Había concluido una larga tarea, faltaba ver si los acuerdos eran capaces de resistir los embates de sus enemigos, antes de convertirse en leyes de la República.

Notas al capítulo IX

[1]. La discusión en torno a estas cifras demuestra la importancia de que exista una capacidad de análisis económico, en particular de costo-beneficio, a la hora de discutir políticas públicas de corte social. Muchas veces, quienes enarbolan las banderas de la sensibilidad social, no tienen una clara visión de los efectos contraproducentes para los presuntos beneficiarios de aquello que ellos mismos están proponiendo.

[2]. Mención especial merece la dedicación de los reporteros económicos que hacían guardia hasta altas horas de la noche (ya bien pasada la hora de entregar sus pautas), durante esa semana crítica, para luego encontrarse con el hermetismo al que todos nos comprometimos. Tomaban nuestra actitud con comprensión que, presiento, venía del hecho de sentir ellos también que, de alguna manera, eran igualmente partícipes de un hecho histórico.

CAPÍTULO X
DE BUENAS INTENCIONES A LEYES

Logramos una concertación social inédita en los anales de las relaciones sociopolíticas venezolanas y ciertamente singular, aún más allá de nuestras fronteras.

Los cambios que propusimos en forma concertada trabajadores y empleadores, no se suponía que lo hicieran los ciudadanos de manera tan directa. Si esto era así ¿para qué se necesitaban los legisladores que eran quienes deberían darle impulso a estas iniciativas como representantes de la voluntad popular?

En los países donde existe un tripartismo organizado de manera formal para dirimir una gama de problemas, muchos de ellos de naturaleza puntual, éste tiende a adquirir visos de corporativismo económico y, tanto negociaciones como acuerdos, giran en torno a la defensa de los privilegios o conquistas sectoriales ya adquiridos. En consecuencia, el mecanismo, muchas veces, lejos de ser un agente del cambio, se convierte en un soporte fundamental del orden existente, casi siempre a favor de los productores y sus trabajadores, en detrimento del consumidor y el interés general.

Es por eso que en los parlamentos del mundo democrático se vela por el interés general, al menos en teoría, promulgando y modificando leyes que permitan que el marco regulatorio de la sociedad evolucione en procura de un mejoramiento del común de los ciudadanos. Siendo esto así, surgía la difícil pregunta de por qué las iniciativas de cambios no se habían originado en el parlamento venezolano. Tocaba, sin embargo, pasarlos por este para convertirlos en leyes de la República. El asunto se complicaba, por demás, debido a la debilidad política del Gobierno. Este había sido parte integral de los acuerdos y, de haber tenido una mayoría, o cuando menos una pluralidad importante en el Congreso, la tarea legislativa hubiera sido más sencilla.

La debilidad política del Gobierno no era la única deficiencia que pesaba al momento de convertir los acuerdos en instrumentos legales. La debilidad institucional de la administración pública venezolana jugaba un papel de igual o mayor importancia.

Las conversaciones se mantuvieron a un alto nivel, lo que sin duda contribuyó a su éxito. Sin embargo, una vez que se iban logrando los acuerdos, era preciso que los mismos se fueran plasmando en anteproyectos de leyes para su posterior introducción al Congreso. De los tres participantes en las conversaciones era el Gobierno el que se suponía que tenía la infraestructura institucional para diseñar los primeros borradores de esos instrumentos y someterlos a la discusión tripartita. Lamentablemente eso no fue así.

Los acuerdos en materia de seguridad social estaban listos para la primera quincena de diciembre de 1996. Para el 18 de marzo de 1997, fecha de la firma del acuerdo general en Miraflores, el Gobierno no había producido un solo borrador de instrumento legal que reflejara lo acordado. En el curso de los meses de enero y febrero del 97 celebramos varias reuniones con un equipo de trabajo coordinado por Hacienda, que trabajaba sobre una ley regulatoria del sistema de pensiones, pero, para mayo, fecha en la que se introdujo el anteproyecto de Ley Marco de Seguridad Social, no había visto el primer papel de trabajo sobre el subsistema de pensiones.

Quedaba claro que nuestra tarea no había terminado con la firma del acuerdo tripartito y sería preciso intervenir en la redacción de instrumentos legales para asegurar que en la letra pequeña no se desvirtuara lo acordado. En materia de legislación laboral había llegado efectivamente la hora del especialista, es así como en Fedecámaras organizamos un valioso equipo de profesionales del derecho laboral coordinados por Lia Fitzgerald, de Venevisión, e integrado por Alejandro Feo La Cruz, Alexis Garrido, Luis Alfredo Araque y Juan M. Rafalli, entre otros. La CTV, por su parte, acudió a los servicios de otro conocido y prestigioso abogado laboralista, Humberto Villasmil.

El mundo político contrataca

Preparados como estábamos para dar la batalla final en el Congreso en pos de los cambios, nada nos presagiaba el porqué de la convocatoria que nos había hecho Teodoro Petkoff el lunes 24 de marzo.

> El presidente ha decidido que lo más conveniente en esta etapa del proceso de reforma es que el mismo sea coordinado por el nuevo ministro de Estado para la Seguridad Social, José Miguel Uzcátegui (Teodoro Petkoff: 24- 03- 97).

Los presentes nos miramos asombrados.

> (…) esta medida es conveniente pues ya la labor de Cordiplan en esta materia ha llegado hasta donde debe llegar y la nueva instancia permitirá que los cambios se logren con mayor rapidez", continuaba diciendo Petkoff con escasa convicción en su tono de voz. (Teodoro Petkoff: 24- 03- 97).

Varios días después se anunciaba que en la materia de reforma laboral no se le daría una ley habilitante al presidente Caldera, como se había planteado ya desde las reuniones fallidas de enero del 96, sino que el proyecto de ley sería manejado en una comisión especial del Congreso presidida por Arístides Hospedales, subsecretario general de Acción Democrática y uno de los discípulos más dilectos del caudillo adeco.

La dupleta Hospedales-Uzcátegui, este último hasta el momento jefe de la fracción parlamentaria de Convergencia, ponía al descubierto que las miradas de los integrantes del mundo político en la firma del acuerdo a que me referí en el primer capítulo, estaban justificadas. Con su exitosa coordinación de la Comisión Tripartita el prestigio de Teodoro Petkoff había recibido un merecido incremento a los ojos de la opinión pública. En el mundo político ese incremento de prestigio era una señal de que había llegado el momento para sacarlo del centro de los acontecimientos.

El mundo político no era el único donde se cobraría la participación exitosa en los acuerdos. En el sector empresarial, quienes presagiaron que nunca nos sentaríamos a la mesa y, cuando nos sentamos, advirtieron que nunca llegaríamos a un acuerdo, ahora que lo habíamos logrado garantizaban que el mismo sería mutilado de tal forma en el Congreso que la victoria sería efímera. Afortunadamente esas voces, aunque bien enquistadas en los organismos de representación empresarial, no representaban el sentir mayoritario de los empresarios, lo cual nos daba una ventana de varias semanas para presionar a las fuerzas políticas a respetar lo acordado.

Una de las críticas de esos managers de tribuna era que la CTV se aliaría con los partidos en el Congreso para modificar a su conveniencia lo acordado. Nada más alejado de la verdad. Una vez que la CTV firmó, se dedicó a la defensa de lo acordado con un inusitado despliegue organizativo. Además de su presidente Ramírez León, uno de los más elocuentes defensores de los acuerdos fue Carlos Navarro.

Ante las críticas que salían de diversas trincheras laboristas, las defensas de Carlos Navarro fueron determinantes, desde mi punto de vista, en el ánimo de los legisladores. Uno de los argumentos más impactantes que utilizó Carlos, que considero oportuno reseñar aquí fue: "los acuerdos se lograron porque tanto trabajadores como empresarios nos bajamos de nuestros pedestales y cambiamos el discurso hacia adentro, ese que consigue aplausos entre nuestra propia gente, por un discurso hacia afuera en procura de lo que más le conviene al país".

Letra pequeña, infierno grande

Los acuerdos que se firmaron en marzo tenían una asimetría importante: por el lado de la legislación laboral eran un minucioso resumen de cambios muy puntuales, pero, por el lado de las reformas de seguridad social, eran enunciados generales de un tema en el que los especialistas del Derecho tenían poca experiencia.

Era lógico que el primer instrumento legal fuera el cambio de la Ley del Trabajo. Por lo demás, ese era el cambio que todos esperaban para poder sincerar la situación de las remuneraciones en las empresas.

Lo detallado de los cambios en materia laboral facilitaba la redacción de los instrumentos legales, pero no los hacía automáticos. Cada coma, cada palabra, podía cambiar el sentido de una disposición o, lo que es peor, dejar abierta la interpretación de un juez en el futuro para que todo lo que se había construido se derrumbara. Al fin y al cabo, abundaban quienes, opuestos a la reforma, estaban prestos para acudir a la Corte Suprema o a cualquier otra instancia con el propósito de tratar de invalidar los acuerdos.

Por otra parte, la negociación había sido intensa y concluida bajo una gran presión, tanto de la opinión pública como del tiempo, cuando, al final, pusimos fecha de corte. Por tal motivo, algunas de las disposiciones eran vagas y quedaban sujetas a interpretaciones al tratar de ponerlas en un blanco y negro legal. Otros problemas surgían en atención a alternativas que los negociadores ni siquiera contemplamos y dejaban vacíos que se debían llenar.

En este contexto era lógico que nuestros abogados se sintieran obligados a defender lo que visualizaban como los intereses empresariales y el equipo de Villasmil hiciera otro tanto con los intereses laborales, sobre todo cuando ambas interpretaciones se enmarcaban dentro del espíritu del acuerdo. El fiel de la balanza era, o debería ser, el Gobierno, pero el haber sacado a Petkoff de la capitanía del mismo les restaba fuerza a sus actuaciones.

Las discusiones fueron intensas y se extendieron durante buena parte de tres semanas. La Semana Santa fue aprovechada por nuestros abogados para celebrar largas sesiones tratando de llegar a acuerdos sobre artículos específicos.

El martes 8 de abril presentábamos el anteproyecto en las oficinas del presidente del Congreso. Formalmente, por el Gobierno, el proyecto lo presentaba la ministra del Trabajo, acompañada de los ministros Petkoff y Rojas Parra. Por el lado empresarial éramos una nutrida representación, pero, por el lado laboral, tan solo Pablo Castro estaba presente. Navarro se encontraba en el interior defendiendo los acuerdos, pero Ramírez León, a quien estuvimos esperando por un tiempo, no apareció, lo cual nos preocupó momentáneamente.

La dificultad de abrir caminos

Los cambios en la legislación laboral iban por buen camino. Independientemente de las reales o supuestas zancadillas a los protagonistas, había un acuerdo político de las principales fracciones, AD, COPEI, MAS y CONVERGENCIA de aprobar, en su esencia, los acuerdos suscritos. Vendrían algunos momentos difíciles, como veremos más adelante, pero el camino estaba andado en un 95%.

Ese no era el caso con los cambios en la seguridad social, sin embargo. No solo estaban en pañales (o eran inexistentes) los instrumentos legales con los cuales validar los acuerdos, sino que la falta de personas con conocimientos de cómo proceder en este sentido hacía muy lentas las cosas.

El Congreso sospechaba que esto era así y justificadamente solicitó que se presentaran los anteproyectos de cambios en la seguridad social como precondición para aprobar las modificaciones a la Ley Orgánica del Trabajo.

Era imposible preparar una ley detallada en tan corto tiempo. Por otra parte, la intención era que cada subsistema de seguridad social tuviera su propio marco regulatorio, plasmado en una ley específica. Es así como surge, de nuevo, desde la instancia empresarial, la idea de una ley que sirviera de marco al desarrollo de un verdadero sistema descentralizado de servicios de seguridad social.

La preparación de una ley marco tenía varias virtudes. Primero, en su contenido se validaba la liquidación del IVSS en su actual estructura; segundo, la misma permitiría ir desarrollando con más tiempo instrumentos legales regulatorios especializados y complejos, algunos de los cuales precisaban incluso de apoyo de los organismos internacionales para su adecuada redacción. Tercero, le daba una señal clara al país de la dirección hacia dónde se dirigía el desarrollo de algo tan importante como su seguridad social.

El problema es que no había precedente para este tipo de instrumento en la legislación venezolana. El esquema conceptual era que Fedecámaras había presentado a la comisión tripartita en noviembre del 96, donde se separaban las funciones normativas, reguladoras y de operación de los sistemas.

El Gobierno no era de gran ayuda, Uzcátegui no solo no entendía bien el tema, sino que se debatía entre liquidar el IVSS y repotenciarlo como una base de poder político. Por otra parte, Absalón Méndez y sus partidarios de la seguridad social macrocefálica, habían encontrado momentáneo albergue en los cubículos de asesoría del flamante ministro del IVSS, quien se había propuesto "oír todas las alternativas". Su aparente amplitud destapaba las ollas de grillos que el Gobierno, la CTV y Fedecámaras habían cerrado meses antes.

Luis Enrique Ball y yo rápidamente nos abocamos a buscar quien nos pudiera redactar un primer borrador de una Ley Marco de Seguridad Social. Acudimos a Rafalli, también nos entrevistamos con Alejandro Feo La Cruz. Ambos nos brindaron su desinteresada colaboración, pero los borradores que salían eran demasiado largos y contenían demasiados artículos. De hecho, el tema era uno que no estaba en su ámbito de especialidad. Es más, en Venezuela no existía esa especialidad más allá de aquellos que insistían en mantenernos en el viejo paradigma y a quienes, por razones obvias, no podíamos acudir.

Por fin tomamos la decisión de hacer el primer borrador nosotros mismos. ¿Un economista y un ingeniero mecánico incursionando en materia de legislación social? Armado con ese borrador acudí de nuevo a Alejandro Feo La Cruz pidiéndole que nos pusiera el mismo en formato de un proyecto de ley que no llegara a las diez páginas. Dos días después Alejandro me devolvía un "borrador para la discusión de un proyecto de ley de seguridad social". Fiel a nuestras indicaciones, el documento tenía tan solo siete páginas de extensión.

Por lo menos ya teníamos algo sobre el papel. Tres días después, el 18 de abril, durante la comparecencia del ministro Uzcátegui en la Asamblea de Consecomercio en Maturín, nos reunimos en un aparte con él un grupo de dirigentes integrado por Vicente Brito, Pedro Carmona, Eliseo Sarmiento, Antonio Fernández –nuevo presidente de Consecomercio– y yo. Uzcátegui estaba preocupado por la presión que ejercía el Congreso para que se presentara algo en materia de seguridad social.

Aproveché la circunstancia para entregarle el anteproyecto, y le dije: "ministro, creo que con un instrumento como este satisfacemos las condiciones del Congreso y ganamos tiempo para la redacción de las leyes específicas".

El Ministro no solo recibió el anteproyecto, sino que comisionó su análisis y posible utilización para un anteproyecto definitivo a Humberto Villasmil, quien había defendido con tanta efectividad los intereses de la CTV en las modificaciones de la LOT.

La selección de Villasmil fue acertada, pues, en la preparación del mencionado anteproyecto, se ciñó en todo momento al contenido de lo que plasmamos en nuestro borrador. El conflicto surgiría con el propio Uzcátegui, quien no veía con buenos ojos que el ente normativo de la seguridad social fuera tripartito. Esas objeciones se hacían extensivas a otros integrantes del mundo político; uno de los cambios que introduciría el Congreso sería ponerle límites de autoridad al Consejo Rector Tripartito que se contemplaba.

Se celebraron varias reuniones para discutir el anteproyecto, la última de ellas el martes 13 de mayo. El miércoles 15 de mayo el mismo se entregaba al Congreso, esta vez sí con la presencia de los presidentes de Fedecámaras y la CTV, acompañando al Gobierno.

Carrera de obstáculos

Presentados como estaban los dos anteproyectos en el Congreso, faltaba solo recorrer la carrera de obstáculos que la aprobación por ese cuerpo significaba. Para la mayoría de los venezolanos el Congreso es una suerte de "caja negra" donde, mediante un proceso que escapa a su entendimiento, entran muchos proyectos y, de vez en cuando, sale uno en los escasos momentos que los congresistas no están investigando algo, peleando entre sí o viajando a algún parlamento internacional remoto, cortesía de los contribuyentes. Es oportuno, sin embargo, resumir brevemente los pasos por los que atraviesa un proyecto para convertirse en ley.

Cuando un proyecto se presenta, tal como sucedió con estos dos, por lo general primero entra a la Cámara de Diputados, donde pasa por lo que se denomina "una primera discusión", que no es una discusión como tal sino la entrada formal para ser referida a una comisión de estudio, que puede ser una de las comisiones permanentes de salud y economía, entre otros, o una especial, creada para el fin específico de estudiar una o varias leyes.

Las comisiones se integran con diputados en proporción al peso relativo de las fuerzas políticas, es ahí donde el proyecto realmente se discute por primera vez. Los integrantes de la comisión proponen, si desean, cambios, y estos son aprobados o no de acuerdo a la correlación de fuer-zas. Una vez aprobado en comisión, el proyecto pasa a Cámara plena donde, en lo que se denomina una "segunda discusión", todos los dipu-tados tienen oportunidad de hacer observaciones o proponer cambios. De ahí, si es aprobado, el proyecto pasa al Senado, donde el proceso se repite, y si el mismo sufrió cambios en ese cuerpo tiene que regresar a Diputados para reconsideración, antes de ser aprobado definitivamente.

Enredado ¿verdad?, pero no es diferente al proceso en casi todos los parlamentos democráticos del mundo. Cuando existe lo que se deno-mina "un acuerdo político" de fracciones que constituyen una mayoría, normalmente las leyes fluyen con rapidez. Ahora bien, en proyectos tan conflictivos como estos, donde una multitud de agendas personales y sectoriales o grupales habían sido vulneradas, era de esperarse que los agraviados buscaran emboscar la legislación en algún punto del proceso.

En el caso de la modificación de la Ley Orgánica del Trabajo, el proyecto sorteó con bastante éxito la comisión especial de diputados que lo estudió, a pesar de que los legisladores recibían presiones de distinta índole. Una de las más importantes, por cierto, era la de los profesiona-les y gerentes medios de empresas, quienes buscaban afanosamente un incremento del tope de la compensación por transferencia, para que la totalidad de sus propias prestaciones fueran computadas como dobles. Otra presión era de antiguos sindicalistas, ya retirados de la lucha diaria, pero activos aún en el parlamento; no entendían muchos de los cambios y proponían pequeñas modificaciones que alteraban su esencia.

Reconocemos que el presidente de la comisión especial, Arístides Hospedales, manejó con acierto el proceso en diputados, logrando que lo allí aprobado mantuviera la esencia de los acuerdos tripartitos. Lo que nadie se esperaba es lo que sucedió en el Senado, menos aún, que la iniciativa viniera del partido Copei, que se vanagloriaba de su espíritu modernizador.

Corrían los tiempos de la triple alianza parlamentaria entre socialcris-tianos, socialistas del MAS y radicales de la Causa R. La Causa R había librado una acción de permanente retaguardia en contra de los cambios, pero con escasa repercusión popular. El día 1 de mayo habían convocado una "contramarcha" para competir con la de la CTV y quedaron mal parados. Contra los 100.000 trabajadores que desfilaban con la CTV y las centrales afines, la Causa R logró reunir unas escasas 3.000 personas.

La acción en el Senado era la oportunidad para la Causa R de reivindicarse de esa puesta en ridículo y lo hizo cobrándole a Copei su participación en la alianza, en base de que Copei, representado por la Senadora Haydée Castillo, propusiera una enmienda que atara el salario mínimo a la canasta alimentaria básica. Lo cual era introducir, en el último momento, la indexación salarial que había arruinado a los países del Cono Sur, y tanto combatimos, por lo que enseguida nos movilizamos.

Los canales de comunicación con los socialcristianos se movilizaron, sobre todo con los que se habían identificado claramente con la economía de mercado (social o no) como Oswaldo Álvarez Paz. Eduardo Fernández, Calderón Berti y Agustín Berríos. Todos se llevaban las manos a la cabeza y nos daban la razón, pero la decisión la tenían el presidente del Partido, Luis Herrera, el secretario general, Donald Ramírez y la senadora Castillo, que había introducido la enmienda. Los adecos daban la sensación de mirar con pena ajena ese espectáculo y nos garantizaban que en el remoto chance de que se aprobara, en diputados se rechazaría, sin embargo, una demora sería complicar seriamente las cosas.

Finalmente, el buen criterio imperó, entendemos que fueron claves las posiciones de los diputados Ramón José Medina y Gustavo Tarre Briceño. Se dice que este último, la mañana misma de la votación, le manifestó personalmente a Luis Herrera Campins que, si la medida pasaba, al día siguiente renunciaba a Copei. Durante la votación, cinco senadores de Copei rompieron la línea partidista, haciendo que la medida fuera derrotada y, luego de 60 años, se daba inicio a una nueva era en las relaciones obrero-patronales venezolanas. El día 19 de junio, en otro de esos actos solemnes en el Salón Ayacucho de Miraflores, el presidente Caldera le colocaba el ejecútese a la ley.

La Ley Marco de Seguridad Social corrió igual número de vicisitudes. En el caso de este instrumento, los adversarios del mismo eran más numerosos y el compromiso político de aprobarlo era más difuso, entre otras razones, porque el tema es complejo y no había sido objeto del mismo debate público intenso que las prestaciones sociales.

Entre los adversarios más prominentes podemos, de nuevo, identificar a los "expertos seguro-socialistas" con Absalón Méndez y su macroproyecto de seguridad social a la cabeza, quienes en esta oportunidad se cobijaban detrás de los *causaerristas* y *patria para todos,* a través de los cuales hacían valer sus argumentos. Aliados a estos, de manera particular, se encontraba el gremio médico y los gremios de la salud, para quienes una ley, que en sus disposiciones transitorias contemplaba el cierre definitivo del IVSS para una fecha cierta, significaba el fin de una era de privilegios.

Sorprendentemente, uno de los que más torpedeó el proyecto hasta su "renuncia" fue el propio ministro de Estado para la Seguridad Social, a quien el Gobierno había designado para defenderla. Las actuaciones del ministro Uzcátegui causaron graves trastornos al esfuerzo tripartito y solo el compromiso firme bipartito, de trabajadores y empleadores, logró contrarrestarlas. Una vez que este foco de perturbación desapareció de la escena, la ley avanzó hacia su aprobación sin mayores problemas.

A parte de las resistencias arriba indicadas, el principal punto de discordia era el relacionado con las atribuciones del Consejo Nacional de la Seguridad Social, de conformación tripartita. En el proyecto se le habían dado a este órgano las funciones de organismo rector normativo y en el Congreso sus funciones fueron modificadas convirtiéndolo en un órgano asesor. La virtud de una u otra variante es un debate que aún está por darse. Lo verdaderamente sustantivo, y esto sí lo recoge la ley aprobada, es que las funciones normativas, regulatorias y prestadoras de servicios deben estar claramente separadas para que el sistema tienda a la transparencia y la eficiencia.

El día 30 de diciembre de 1997, en la última reunión del año de su Consejo de Ministros, el presidente Rafael Caldera colocaba el ejecútese a la Ley Orgánica de Seguridad Social Integral. Quedaba mucho por hacer, subsistemas complejos por implementar y algunos hasta por diseñar. En el camino aparecerían tropiezos, pero nada podría cambiar el hecho de que, en esos 122 días transcurridos entre el 12 de noviembre de 1996 (fecha en que la tripartita inició sus deliberaciones) y el 15 de marzo de 1997 (fecha en que las concluyó), quienes en ella actuaron cambiaron para siempre los patrones de funcionamiento de las relaciones laborales y de seguridad social de los venezolanos.

EPÍLOGO
LA TAREA PENDIENTE

A pesar del indudable éxito que significa la promulgación de las leyes aprobadas en 1997, falta mucho por hacer. El camino de la aprobación de cada una de las leyes reglamentarias de los subsistemas de la seguridad social es potencialmente un campo minado que puede sucumbir a la presión de los intereses específicos de grupos, a expensas de los beneficiarios del sistema.

En contraposición a esas presiones, está, en primer lugar, el Consejo Nacional de la Seguridad Social que, si bien tiene el carácter de un órgano asesor y consultivo, tiene atribuciones que le permiten perpetuar los mejores aspectos del espíritu con el que se implementaron los cambios.

En segundo lugar, es de esperarse que aquellos legisladores que, mediante este proceso profundizaron sus conocimientos de la materia y entendieron que también hay dividendos políticos en legislar a favor del usuario del sistema –y no siempre a favor de los gremios que en él laboran–, incorporen a sus agendas la producción de buenas leyes reglamentarias.

Si esas fuerzas positivas se refuerzan, Venezuela tiene la oportunidad de entrar al nuevo siglo con una legislación laboral y de seguridad social a tono con los tiempos, lo que indudablemente se reflejará en mayor productividad económica y en un creciente nivel de bienestar de sus ciudadanos, montados ambos sobre bases firmes y sostenibles.

Para que todo esto suceda, sin embargo, la tarea no ha terminado sino que apenas comienza. Los retos los tenemos por delante.

Los límites del tripartismo

Como suele suceder cuando una iniciativa tiene éxito, los innegables resultados positivos de la negociación tripartita han llegado a hacer pensar que el mismo esquema puede aplicarse a cuanto problema aqueja al país. Eso es tan solo una verdad a medias.

En lo que resta por hacer para completar las reformas que faltan a la seguridad social, es posible que el propio esquema tripartito que se utilizó no sea el más eficiente. A nuestro juicio, uno de los elementos principales de éxito fue que las conversaciones se mantuvieron en todo momento al más alto nivel de cada una de las instancias. Este esquema no es factible mantenerlo en operación durante períodos largos de tiempo, por razones obvias.

Al descender el nivel de representatividad, entonces el mecanismo tripartito tiende a burocratizarse y esa burocratización a su vez produce un sesgo hacia la defensa o protección de los intereses del sector representado, a expensas del interés general. Es más, termina sucediendo algo peor. Por un lado, gravitan hacia la representación laboral los voceros de los gremios interesados en perpetuar el *statu quo* laboral y, por otro, en el sector empresarial, comienzan las presiones para que la representación la ejerzan las instituciones integradas por los proveedores de bienes y servicios.

Así, tendríamos que, en una supervisión directa tripartita de la salud, por ejemplo, los gremios médicos harían presión por estar representados, como ha sucedido en el pasado y, en una supervisión similar del sistema de pensiones, es posible que el sector financiero busque ejercer, o involucrarse, de manera importante en la representación empresarial.

Es por eso que resulta esencial que el tripartismo se ejerza tan solo al más alto nivel normativo y formulador de políticas (como se contempla en la ley), dejando que la supervisión directa y diaria sea ejercida por superintendencias autónomas y bien dotadas técnicamente.

En verdad el esquema tripartito no debe considerarse un sustituto de un sistema democrático con instancias legislativas, capaces de producir buenas leyes en función del interés colectivo. La debilidad institucional de esa instancia legislativa fue lo que creó el vacío de poder que hizo necesario el esquema tripartito para lograr los cambios.

Eso está cambiando. El cuadro político venezolano se varía de forma acelerada. La ida hacia una economía cada día más de mercado y más globalizada, combinada con la descentralización política que produce la elección directa de autoridades regionales, ha creado la necesidad de legisladores imaginativos y con visión de futuro, que vayan más allá de la denuncia vacía y el vergonzoso acatamiento permanente de una "línea partidista", que ya ni a doctrinas políticas obedece.

Quien quiera hacer carrera como legislador en el futuro, tendrá que tomar un tema (como la seguridad social, la educación o la contaminación, entre otros) y promover, además de lograr que se produzca la legislación que transforme y modernice estructuras a favor del interés colectivo. Un buen ejemplo de esto es la labor silente, pero tenaz, que durante años desempeñó el senador Luis Enrique Oberto en la comisión legislativa, coordinando la reforma del Código Orgánico de Procesamiento Penal, recientemente aprobado.

La flexibilización laboral

La reforma laboral efectuada atacó ciertamente lo que era el nudo gordiano de las relaciones obrero-patronales venezolanas, pero dejó mucho por hacer. Ahora que la economía venezolana está en vías de recuperación y, Dios mediante, en vías de derrotar la inflación, la gran tarea por delante es profundizar la flexibilización laboral.

En un mundo cambiante las relaciones laborales que hoy se están desarrollando guardan poca relación con las que había 20, 30 o 40 años atrás. Nuestra legislación mantiene muchas relaciones fosilizadas en esos esquemas. No es un accidente que países como Estados Unidos, que tienen una legislación laboral flexible, tengan bajos índices de desempleo y en países con legislaciones rígidas, como España y Argentina, suceda lo contrario.

En su libro *Free to Work* (libre para trabajar), el profesor Wolfgang Kasper [1] demuestra cómo la reforma laboral neozelandesa de 1991 promovió la inversión y el empleo, reduciendo los niveles de desempleo, que en ese año se encontraba por el 10%, por debajo de 6% para 1995.

Más allá de los aumentos en el empleo, el efecto más dramático de esa reforma ha sido el de los aumentos de productividad que han contribuido a mantener la inflación por debajo del 2% anual; así como el crecimiento económico en altos niveles y el nivel de ingresos reales de los trabajadores en franco incremento.

El reto previsional

El problema de las pensiones en Venezuela se encuentra lejos de estar resuelto. El nuevo esquema, que pronto se establecerá, apunta hacia una solución, aunque es difícil que pueda desarrollarse en el actual entorno, debido a varios factores. El primero de estos problemas es el relacionado con los costos de la reforma. Estos costos tienen dos componentes, uno de los que ni siquiera se está considerando: el de las pensiones del sector público.

En el sector público venezolano existe una gran variedad de pensiones cuyo costo actuarial no se ha hecho ni siquiera un intento por cuantificar. Los congresistas tienen derecho a la jubilación después de 15 años de servicio, los profesores universitarios tienen derecho a lo que se denomina "pensiones perseguidoras" porque se indexan al sueldo de los profesores activos, y así sucesivamente. La solución de este problema se hace muy difícil, porque quienes estarían llamados a estudiarlo y proponer alternativas son ellos, a su vez, pensionados o potenciales pensionados del erario público.

Un ejemplo de esta situación son las pensiones extravagantes que, sin el menor rubor, se autoasignaron el presidente y demás directivos del Consejo Supremo Electoral a finales de 1997. En la decisión, por supuesto, no medió análisis alguno de cuál había sido la contribución de estos señores a esas pensiones, el valor presente de las mismas o el sacrificio fiscal futuro que imponían a los contribuyentes.

En este caso, como lamentablemente sucede al parecer en muchos otros, se pone en evidencia que un número significativo de personas con influencia política cobra no solo una, sino varias pensiones provenientes de fondos públicos.

Para enfrentar y corregir esta situación, más allá de una gran presión de opinión pública, probablemente se requeriría la formación de un panel de ciudadanos ilustres; ninguno de los que tuviera derecho a pensiones provenientes de fondos públicos, para ponerle un límite al costo que éstas les significan a los contribuyentes.

La solución definitiva, por supuesto, es que la ley que regula el subsistema especifique los términos en los que todos los funcionarios públicos se incorporarían al nuevo sistema que contempla beneficios uniformes, tal y como está contemplado en la ley marco.

Otro costo importante es el relacionado con el bono de reconocimiento en el nuevo sistema, para quienes contribuyeron al antiguo sistema que colapsó. Este es un costo cuya cuantificación se dificulta por la ausencia de registros de que adolece el IVSS, pero tiene solución, entre otras cosas, mediante el establecimiento de una fecha tope para inscribirse en el nuevo sistema, haciendo valer el derecho que existe.

El segundo problema, y sin duda uno de los más graves, es el relacionado con el entorno macroeconómico. Mientras las tasas de interés sean negativas, cualquier dinero de pensiones que se invierta en esos instrumentos se convierte en una confiscación solapada del ahorro previsional. Se precisa diseñar instrumentos, tal vez denominados en dólares o en bolívares, con rendimientos indexados, como sugiere el economista Alexander Guerrero, a los que puedan acceder de manera preferencial los ahorros previsionales, de lo contrario, se estaría reeditando, aún en el caso de un sistema de capitalización individual, lo que ya sucedió en el pasado.

El tercer problema es el relacionado con la poca oferta de títulos valores que hay en la Bolsa de Valores de Caracas. De hecho, este problema existió también en los inicios del sistema de capitalización individual chileno. En los primeros cinco años de ese sistema la inversión en acciones era cero (1981-85). A partir de 1986, las carteras de las AFP comenzaron a acumular acciones a razón de 3.8% ese primer año, para llegar a un 30.1% en el año 15 (1995). Como dato interesante, de esa inversión, el 54% es en empresas del sector eléctrico y el resto está diversificado. [2]

Hay la posibilidad, o mejor dicho la necesidad, de ampliar la oferta de acciones mediante mecanismos como los que ya se han implementado en las privatizaciones de CANTV y SIDOR, con el aumento del espectro de actividades hoy en manos del Estado, que deben pasar a inversionistas particulares, para que el ahorro previsional encuentre instrumentos atractivos que efectivamente aumenten el patrimonio de los ahorristas.

Se comienza a formar una gran masa de ahorros que genera tanto el sistema de pensiones por capitalización individual, como ahorros a mediano plazo que se derivan de la prestación de antigüedad liquidada y depositada mensualmente en la cuenta que determine libremente cada trabajador. Esta nueva realidad hace mucho más pertinente el debate sobre la conveniencia y la justicia implícita en que los venezolanos tengan el derecho a participar de forma directa, mediante sus ahorros, en actividades productivas más rentables de nuestra economía, que son aquellas relacionadas con la industria petrolera.

Por último, es necesario estar consciente de que los sistemas de pensiones o previsionales son de largo plazo, por tanto, la preservación de los mismos, para que puedan ser disfrutados en su vejez por quienes durante su vida activa contribuyen a ellos, requiere un entorno económico estable de inflaciones mínimas (preferiblemente de no más del 2% anual) que es la única forma de preservar realmente la integridad del ahorro a largo plazo.

El dilema asistencial

Las modificaciones efectuadas en el área de asistencia médica de la seguridad social son un paso en la dirección correcta, pero definitivamente no son la solución global del problema.

Ninguna solución a los problemas de la salud es posible si el Estado no asume sus responsabilidades en todos los aspectos de la asistencia médica. El colapso de los servicios asistenciales del IVSS comenzó en buena parte porque sus hospitales, que eran de los pocos servicios de salud pública que funcionaban, comenzaron a atender a no afiliados sin que el Estado compensara debidamente esa prestación de servicios.

Eludir esta responsabilidad normalmente tiene sus inicios en la irresponsabilidad fiscal, al no prever los gastos correspondientes, convirtiendo lo que sería un déficit fiscal en un déficit de servicios.

Otro elemento que conspira contra las responsabilidades del Estado en materia de salud es el gremialismo desbocado que permea la administración pública y, en este sector, es particularmente perverso. La estructura operativa parece estar diseñada para favorecer a quienes controlan colegios médicos, sindicatos de trabajadores de la salud y proveedores privilegiados. El paciente es el último eslabón de la cadena a quien se le atiende de vez en cuando y como un gran favor, siempre y cuando traiga sus propias sábanas, inyectadora y hasta medicamentos.

La solución a este dilema empieza por aplicar en todo el sistema de asistencia médica lo que ahora por ley se contempla para el sistema de seguridad social, es decir, que sea la demanda la que motorice el sistema y no la oferta monopólica de gremios corporativizados. Esto pasa por la descentralización de los servicios, para que el control de los mismos esté lo más cerca posible del ciudadano y sus mecanismos locales de organización social.

Existen ya en Venezuela múltiples ejemplos exitosos de esta forma de hacer las cosas. Ejemplos que los gremios, como la Federación Médica y Fetrasalud, combaten a brazo partido para evitar que se propaguen. Por fortuna los vientos que soplan son los de cambio. De nuevo lo que se precisa es de políticos y administradores públicos imaginativos, que se den cuenta que hay tanto o más caudal político en mejorar los servicios que en mantenerse prisioneros de las cúpulas gremiales.

El futuro es lo que queramos hacer de él

Soy de esos *rara avis* que hay en nuestro país, al menos en el debate público: un venezolano optimista.

La experiencia de haber participado en la formulación de estos cambios y haber puesto cuando menos un granito de arena para que los mismos se produjeran, me dejaron convencido de que existen grandes reservas morales en todos los sectores de la vida nacional y lo que se precisa es un conjunto de circunstancias que actúen como catalizador para que todos trabajen en la dirección correcta y produzcan resultados.

Una de nuestras manifestaciones ciudadanas más notorias es que nos cuesta trabajo reconocer cuando hemos hecho las cosas bien, al parecer experimentamos un placer morboso al identificar y magnificar nuestros errores y defectos. Sin duda esa actitud está relacionada con nuestra forma de manejar eso que los sociólogos llaman la autoestima.

Pero no se trata de tener un optimismo iluso y a ultranza, ni tampoco de caer en esa contemplación patriotera de todo "lo nuestro" como intrínsecamente mejor, sino de hacer un inventario serio, desapasionado y desideologizado de nuestras fortalezas y debilidades para, partiendo de allí, proceder a la solución de conflictos y deficiencias.

Si actuamos así, el futuro nos depara grandes posibilidades, limitadas tan solo por nuestra propia falta de imaginación y por la vana esperanza de las soluciones mágicas. De lo contrario, si nos mantenemos en permanente contemplación e inacción ante los problemas, no tendremos a más nadie a quien culpar que a nosotros mismos, y encontraremos a futuras generaciones de venezolanos preguntándose lo mismo que hoy se preguntan quienes empiezan su vida ciudadana: ¿cómo pudieron, quienes nos antecedieron, teniendo tanto lograr tan poco?

Notas del epílogo

[1]. *Free to Work, The Liberalization of New Zeland's Labour Markets,* por Wolfgang Kasper, monografía del Center for Independent Studies Ltd. Wellington, New Zeland, enero 1996 pp. 22 a 32.

[2]. *El Sistema Chileno de Pensiones,* opus cit., pp. 98 a 102.

PROPUESTA DE FEDECÁMARAS DE UN NUEVO SISTEMA DE SEGURIDAD SOCIAL

(Comunicado publicado en la prensa nacional durante la primera
semana de octubre de 1996).

Los trabajadores venezolanos merecen un sistema de Seguridad Social
que garantice, de manera efectiva y oportuna pensiones dignas, un óp-
timo servicio de salud y protección adecuada para sus familiares en caso
de invalidez, muerte y paro forzoso.

Estos objetivos nos llevan a proponer un nuevo sistema de Seguridad
Social, apoyado en legislación, que incluya los siguientes lineamientos
básicos:

1. La recapitalización por parte del Gobierno Nacional del actual
Fondo de Pensiones del IVSS, el cual deberá ser administrado por una
comisión de alto nivel creada con ese fin, de manera de asegurarle una
pensión digna a los ya jubilados y a las 200.000 personas que ya han llegado a edad de jubilación y a quienes el Seguro Social no les ha pagado
la pensión a que tienen derecho.

2. La transferencia a los Estados de la totalidad de los hospitales y
ambulatorios del IVSS.

3. La creación de los Fondos de Salud Previsional, administrados por
empresas privadas reguladas por el Estado mediante una superintendencia con fines específicos, de manera que los trabajadores cuenten efectivamente con un seguro de salud que cubra el 100% de sus gastos médicos y de medicinas acudiendo a centros de salud públicos o privados.
Estos fondos harían posible la adquisición de medicamentos por parte
de los trabajadores con cargo al Fondo de Salud de su escogencia sin
necesidad de acudir a un hospital o ambulatorio. Además, este sistema
resolvería el problema creado por la atención a pacientes no asegurados.

4. La sustitución del actual sistema de Prestaciones Sociales por un nuevo sistema más adecuado a las necesidades del país que permita a las empresas incrementar el salario real de sus trabajadores. Este sistema debe incluir la creación de Fondos de Pensiones administrados por empresas privadas, regulados por el Estado mediante una superintendencia creada específicamente a tales efectos. Estos fondos deberán suscribir obligatoriamente pólizas de invalidez a nombre de cada afiliado.

5. Una vez cumplidos todos los puntos anteriores el Instituto Venezolano de los Seguros Sociales debe ser liquidado, eliminando la totalidad de su nómina remanente.

En ningún momento Fedecámaras ha propuesto el cierre de los hospitales; al contrario, nuestra proposición le aseguraría una mejor atención médica a los asegurados y jubilados al ser las gobernaciones responsables de la administración de los hospitales. Todos los servicios que el IVSS ha venido prestando en materia de salud continuarían prestándose, sin interrupción, de manera más eficiente; además, con la implementación de los Fondos de Salud Previsional se le dará acceso a la medicina privada a millones de personas que hoy no cuentan con esa alternativa por falta de recursos económicos.

Es nuestra convicción que una vez promulgada la legislación necesaria Venezuela contará con una avanzado Sistema de Seguridad Social, a la par de los mejores del mundo y nuestros trabajadores podrán contar con pensiones de vejez, muerte o invalidez dignas, y un adecuado servicio de salud. Existirá además un gran incentivo para reducir el tamaño de la economía informal. Cabe señalar que el Estado aún tendrá la obligación de atender las necesidades de la población no asegurada a través del Ministerio de Sanidad y Asistencia Social.

Fedecámaras está abierta al diálogo con el Gobierno Nacional y con el sector laboral para llegar a un acuerdo para el diseño de este nuevo Sistema de Seguridad Social, para ello no tenemos tiempo que perder, en vista de la actual situación de colapso del Instituto Venezolano de los Seguros Sociales. Estamos dispuestos a iniciar las conversaciones de inmediato.

Caracas, 30 de septiembre de 1996

ACUERDO TRIPARTITA SOBRE SEGURIDAD SOCIAL INTEGRAL

En el Palacio de Miraflores de la Ciudad de Caracas, a los 17 días del mes de marzo de mil novecientos noventa y siete (1997).

Reunidos:

El Ejecutivo Nacional, representado por Teodoro Petkoff, ministro de Estado jefe de la Oficina Central de Planificación y Coordinación de la Presidencia de la República (CORDIPLAN); Luis Raúl Matos Azocar, ministro de Hacienda; Freddy Rojas Parra ministro de Industria y Comercio y María Bernardoni de Govea, ministra del Trabajo. En representación de sus afiliados la Confederación de Trabajadores de Venezuela (C.T.V.) actuando por órgano de su presidente, Federico Ramírez León; de su secretario general, Carlos Navarro; y de sus secretarios ejecutivos, Rodrigo Penso, Pablo Castro, Rito Álvarez, César Gil, Rafael Meléndez y Tomás Castrillo. La Confederación de Sindicatos Autónomos (CODESA), actuando por órgano de su presidente, William Franco; de su secretario general, Carlos Manuel Infante S.; su vicepresidente, Laureano Ortiz Bracamonte; la Confederación General de Trabajadores (CGT), en la persona de su presidente Tomás Sánchez; su secretario ejecutivo, Luis Ramón Sosa; Carlos Machado y Luis Rodríguez Brito; y los asesores técnicos de las Organizaciones Sindicales: Fernando Barrientos, Oscar Meza, Miguel Vega, Humberto Villasmil, Miriam Rodríguez y Eduardo J. Fernández H. La Federación Venezolana de Cámaras y Asociaciones de Comercio y Producción (FEDECAMARAS), actuando por órgano de su presidente, Jorge Serrano; de su primer vicepresidente, Aurelio F. Concheso; su segundo vicepresidente, Luis Henrique Ball; su tesorero, Vicente Brito; y su director Berend Roosen. la Federación de Artesanos, Pequeños y Medianos Industriales de Venezuela (FEDEINDUSTRIA), en la persona de su presidente, Henry Gómez Alberti, de su vicepresidente y su director Fernando Calero; CONSECOMERCIO en la persona de su presidente Eliseo Sarmiento; de su vicepresidente, Antonio Fernández; y de su director, Egildo Luján; CONINDUSTRIA en la persona de su presidente Pedro Carmona Estanga y su director Fedor Saldivia; FEDAGRO en la persona de su presidente Hiram Gaviria.

Aceptando, el llamado del ciudadano presidente de la República doctor Rafael Caldera, para discutir e intercambiar nuestros puntos de vista en relación a la seguridad social;

Convencidos, de la impostergable necesidad de avanzar hacia la constitución de un sistema de seguridad social integral que garantice protección a los ciudadanos y erradique las prácticas que condujeron al colapso del modelo vigente;

Persuadidos, de que para lograr el éxito de las medidas de ajuste adoptadas por el Ejecutivo nacional es condición indispensable avanzar en un conjunto diverso de reformas institucionales, entre las cuales, la seguridad social, la materia salarial y el régimen de prestaciones sociales, son los más relevantes para la población trabajadora;

Constatando, que existe un amplio espacio de coincidencias en cuanto a las orientaciones conceptuales, programáticas, organizacionales y financieras, que deben servir de fundamento a un nuevo sistema de seguridad social, a la política salarial y al régimen de prestaciones sociales;

Cotejadas nuestras opiniones en un clima de profundo espíritu democrático de respeto mutuo y consideración. Tratados los temas de la agenda previamente establecida, acordamos:

En materia de seguridad social:

1. Principios fundamentales

El sistema de seguridad social que se crea, fundamentado en los principios de universalidad y solidaridad, es obligatorio y contributivo. Estará bajo la dirección y rectoría de un órgano tripartito.

Incluirá a los trabajadores por cuenta ajena y establecerá regímenes especiales para los trabajadores no dependientes y cualquier otro que labore en el sector informal de la economía, además de los trabajadores rurales.

2. Componentes del sistema

El nuevo sistema de seguridad social, dentro de su campo de aplicación, se conformará por los siguientes subsistemas:

Subsistema de Pensiones
Subsistema de Salud
Subsistema de Paro Forzoso
Subsistema de Política Habitacional
Subsistema de Formación Profesional
Subsistema de Recreación

Por razones operativas, la Comisión Tripartita se avocó en esta oportunidad al análisis de los tres primeros subsistemas.

3. Responsables de la cobertura del sistema de seguridad social

El nuevo sistema de seguridad social garantiza la participación de los actores sociales públicos y privados en su organización, financiamiento y administración. Corresponde a los organismos públicos la implementación, regulación, supervisión y control del sistema y los subsistemas que lo conforman.

4. El subsistema de pensiones

Este subsistema otorgará prestaciones en dinero a las contingencias de vejez, invalidez total o parcial, muerte y sobrevivencia.

El régimen de pensiones que se adopta es mixto en su configuración, fuentes de financiamiento y administración. otorgará las prestaciones de la siguiente manera: una parte por solidaridad intergeneracional y la otra por ahorro individual obligatorio, o de capitalización.

En el régimen de pensiones por solidaridad intergeneracional se otorgará a los beneficiarios una pensión acorde con los aportes que hubiesen hecho durante su vida activa, financiada con las contribuciones del Estado, empleadores y trabajadores. Su administración será determinada por ley.

En casos excepcionales, el Estado garantizará una pensión mínima vital a los trabajadores que habiendo cotizado en el régimen no cumplieron con todos los requisitos.

El régimen de ahorro individual obligatorio otorga el derecho a una pensión, cuya cuantía dependerá de la suma de los aportes acumulados en la cuenta de cada trabajador con sus rendimientos respectivos. Este régimen se financiará con aportes del trabajador y del empleador, determinados por ley, pudiendo incrementarse a criterio de los contribuyentes.

Los fondos de pensiones de ahorro individual obligatorio, o de capitalización individual, podrán ser administrados por entidades públicas, privadas o mixtas, creadas exclusivamente para tal fin. Los requisitos para su establecimiento, fiscalización y control, serán regulados mediante ley.

A los fines de la aplicación de ambos regímenes, se determinará un tope máximo medido sobre la base de un porcentaje de los ingresos.

4.1. Pensionados actuales

Para atender a los actuales pensionados y a quienes adquieran tal condición en el futuro inmediato, se acuerda recapitalizar el Fondo de Pensiones del IVSS, su colocación en un fideicomiso que ofrezca adecuados rendimientos y mecanismos expeditos para el cobro de las pensiones.

La administración del fondo estará a cargo de un ente tripartito y autónomo, creado para tal fin, que garantice transparencia en el manejo de los recursos e inversiones suficientemente rentables como para atender las exigencias de los pensionados.

La recapitalización del citado fondo se iniciará mediante la creación de un fideicomiso constituido en el Fondo de Inversiones de Venezuela, con un aporte inicial del Ministerio de Hacienda y cuya cuantía se determinará por estudios actuariales.

5. Subsistema de salud

Se resuelve separar, de la función aseguradora que cumple actualmente el IVSS, los servicios de atención médica.

Este subsistema será financiado por empleadores y trabajadores, mediante la creación de un Fondo de Salud.

El actual fondo de asistencia médica del IVSS será transformado en el Fondo de Salud de los afiliados al sistema de seguridad social. Su financiamiento, así como la contribución de empleadores y trabajadores, se determinará mediante estudios actuariales. Se garantiza al asegurado a escoger al ente público, autogestionario o privado que le dispensará el servicio de atención médica.

Podrán constituirse fondos complementarios de salud, financiados por trabajadores y empleadores.

La Red Asistencial, patrimonio del IVSS (Hospitales y Ambulatorios) pasará a formar parte del Subsistema de Salud y será administrada bajo diferentes modelos de gestión. Entre ellos, la concesión del servicio a entes públicos, privados o mixtos. Se basará en un régimen de competencia y eficiencia gerencial en la prestación de los servicios de salud.

6. Subsistema de paro forzoso

Se acuerda la recapitalización del Fondo del Seguro de Paro Forzoso y su separación, financiera y administrativa, del IVSS:

Se establecerá un procedimiento ejecutivo de intimación, que permita al trabajador obtener sus beneficios, cuando no le sean cancelados en los treinta (30) días siguientes de finalizar la relación laboral.

El Ejecutivo Nacional estudiará la factibilidad de un nivel de protección asistencial al trabajador agrícola que quede en situación de paro.

Se fortalecerá el Servicio Nacional de Empleo del Ministerio del Trabajo, dotándolo de los recursos que requiera, a fin de que pueda cumplir su papel. Especialmente en lo relativo al paro forzoso.

El Ministerio del Trabajo, conjuntamente con el Instituto Nacional de Cooperación Educativa (INCE), pondrá mayor énfasis en los planes para el reentrenamiento del trabajador desocupado, de manera de facilitar su reinserción en el mercado laboral.

El reglamento del Seguro de Paro Forzoso será revisado a los fines de hacerle las modificaciones que se consideren pertinentes.

En materia de prestaciones sociales y salario

A los fines de esta propuesta se entiende por Prestaciones Sociales el beneficio consagrado en la legislación laboral, diferenciado de la

Seguridad Social, que consiste en un reconocimiento a la antigüedad del trabajador al servicio de un determinado empleador. Tal como se regula en la Ley, dicho beneficio se causa anualmente, se abona en una cuenta individual de cada trabajador, devenga intereses a las tasas que para tales fines establece el Banco Central de Venezuela y se paga con ocasión de la terminación de la relación laboral, independientemente de la causa que lo origine.

En el acuerdo que se adopta se preserva el concepto jurídico de las prestaciones sociales y se procura que las mismas vuelvan a cumplir la finalidad para la cual se establecieron originalmente (atender requerimientos de vivienda, educación, salud). Tan sólo se modifica el modo como el citado beneficio se calcula, en virtud de las transformaciones ocurridas en la economía del país han hecho inconveniente para los trabajadores, para los empleadores y para la sociedad en general, la permanencia del vigente método de cálculo, lo cual ha dado lugar a variados mecanismos de remuneración que ha contribuido a las distorsiones del concepto de salario, al empobrecimiento de las contribuciones que soportan la seguridad social y en alguna medida al crecimiento de la llamada economía informal.

Se acuerda:

Corte de cuenta

Administración pública nacional

1. Se reconoce a favor de cada trabajador (empleado u obrero), además del monto causado por concepto de prestaciones (calculado con arreglo a lo establecido en la LOT), teniendo como base de cálculo el salario devengado a la fecha de entrada en vigencia de la reforma legal, una compensación de transferencia equivalente a las prestaciones acumuladas al 31-12-96. Este último monto se calculará sobre la base del salario devengado para esa fecha.

2. La compensación de transferencia tendrá como base de cálculo un salario no mayor a Bs. 200.000,00 y una antigüedad que no exceda de 11 años. No obstante, tomando en cuenta la capacidad de pago de los diferentes niveles y entes existentes en la Administración Pública Nacional, se podrán establecer topes de salario menores al anteriormente señalado.

3. Del monto obtenido con la sumatoria de las prestaciones causadas más una compensación de transferencia se cancelará hasta la cantidad de Bs. 150.000,00 en el primer año de entrada en vigencia de la reforma legal, de la siguiente manera:

3.1. En los primeros cuarenta y cinco días: hasta Bs. 25.000,00 en efectivo

3.2. En los siguientes cuarenta y cinco días: hasta bs. 25.000,00 en efectivo.

3.3. Títulos Públicos garantizados y negociables a corto plazo en el mercado de valores: hasta Bs. 100.000,00.

4. El monto restante será colocado, en un plazo de cinco años, en las instituciones financieras que seleccione el trabajador.

5. Intereses devengados:

5.1. Dentro del plazo establecido: el valor promedio entre las tasas activas y pasivas calculadas por el Banco Central de Venezuela, tomando en consideración los seis principales bancos comerciales del país.

5.2. Después del plazo establecido: la tasa activa calculada por el Banco Central de Venezuela, tomando en consideración a los seis principales bancos comerciales del país.

6. Si durante el plazo de cinco años, contados a partir de la entrada en vigencia de la Reforma de la LOT, terminase la relación de trabajo, cualquiera fuere su motivo, la obligación se entenderá de plazo vencido y, por ende, el saldo deudor será exigible en su totalidad.

7. Las empresas del Estado para el pago del 25% de las prestaciones sociales, más la compensación de transferencia se convendrá un cronograma flexible entre las organizaciones sindicales, los representantes de las empresas y CORDIPLAN.

SECTOR PRIVADO

1. Se reconoce a favor de cada trabajador (empleado u obrero), además del monto causado por concepto de prestaciones (calculado con arreglo a lo establecido en la LOT); teniendo como base de cálculo el salario devengado a la fecha de la entrada en vigencia de la reforma legal, una compensación de transferencia equivalente a las prestaciones

acumuladas al 31-12-96. Éste último monto se calculará sobre la base del salario devengado para esa fecha.

2. La compensación de transferencia tendrá como base de cálculo un salario no mayor de Bs. 200.000,00 y una antigüedad que no exceda de 7 años. No obstante, tomando en cuenta la capacidad de pago de cada empresa, en función de su capital, número de trabajadores y facturación se establecerán topes menores al anteriormente señalado. Los topes para dicha escala serán los siguientes:

Tope 1-------Bs. 75.000,00
Tope 2-------Bs.105.000,00
Tope 3-------Bs. 150.000,00
Tope 4-------Bs. 200.000,00

Los indicadores para la clasificación de las empresas en dicha escala serán establecidos por la Comisión Tripartita en un plazo no mayor de treinta días, a partir de la suscripción del presente acuerdo.

3. El trabajador tendrá derecho a recibir un pago en efectivo de un 25% de la suma de las prestaciones causadas más la compensación de transferencia. La mitad en un plazo no mayor de 90 días, y la otra mitad dentro de los 90 días siguientes.

El monto restante (75%) será cancelado en un plazo no mayor de cinco años, a partir de la entrada en vigencia de la reforma legal.

El trabajador decidirá donde mantendrá el monto restante: en fideicomiso, en la empresa o en una institución de ahorro de prestaciones sociales.

El interés que devengarán las prestaciones causadas más la compensación de transferencia, será la tasa promedio entre activa y pasiva, fijada por el Banco Central de Venezuela.

Si transcurrido el plazo acordado el empleador no hubiese cancelado al trabajador las prestaciones causadas más la compensación de transferencia, se aplicará la tasa activa.

4. Si durante el plazo de cinco años, contados a partir de la entrada en vigencia de la reforma legal terminase la relación de trabajo cualquiera fuere su motivo, la obligación se entenderá de plazo vencido y por ende el saldo deudor será exigible en su totalidad.

Nuevo régimen de prestaciones

1. Las prestaciones que se causen a partir de la entrada en vigencia del nuevo régimen se calcularán anualmente en los términos siguientes:

1.1-45 días de salario, el primer año.

1.2-60 días de salario, a partir del segundo año.

1.3-Adicionalmente, el trabajador recibirá 2 días de salario por cada año de servicio acumulativo hasta un tope de 30 días de salario contados a partir del segundo año de antigüedad bajo el presente régimen.

2. Las prestaciones causadas se calcularán y abonarán mensualmente, bien en un fideicomiso, en un fondo de prestaciones o en la contabilidad de la empresa, a favor de cada trabajador y atendiendo a la voluntad de éste. El trabajador solo podrá disponer del monto total de dichos abonos al término de la relación laboral, sin perjuicio de que la reforma de la Ley del Trabajo sancione los supuestos en los cuales los recursos depositados en dicho fondo podrán disponerse o avalar créditos solicitados por el trabajador.

3. Intereses por devengar. Si los abonos se realizan en una entidad financiera, la tasa será la establecida por el mercado.

3.2. De mantenerse el dinero en la empresa, por voluntad del trabajador, la suma adeudada devengará intereses a la tasa promedio entre activa y pasiva, calculada por el Banco Central de Venezuela tomando en consideración los seis principales bancos comerciales del país.

3.3. Si el trabajador ha requerido que sus abonos sean depositados en una entidad financiera y el patrono no hubiere cumplido con dicha solicitud, la suma adeudada devengará intereses a la tasa activa, calculada por el Banco Central de Venezuela tomando en consideración los seis principales bancos comerciales del país.

Indemnización por despido injustificado

En caso de despido injustificado, el trabajador tendrá derecho a una indemnización equivalente a 30 días de salario por cada año de servicio, hasta un máximo de cinco (5) mensualidades. Igualmente, recibirá la indemnización por preaviso, en los términos y condiciones del vigente artículo 123 de la LOT.

En todo caso, el monto de la indemnización por preaviso no podrá exceder del equivalente a 10 salarios mínimos.

Cuando la antigüedad del trabajador no exceda de un año, la indemnización por preaviso será de 45 días de salario.

Salarización de los bonos
Sector Público

Las bonificaciones percibidas por los trabajadores, en virtud de los Decretos del Ejecutivo Nacional, formarán parte de su salario hasta alcanzar el monto del salario mínimo que se fije.

El saldo restante de las bonificaciones establecidas por los decretos mencionados, se integrarán al salario progresivamente en el año 1998.

Sector Privado

La bonificación percibida por los trabajadores, en virtud de los Decretos 617 y 1240 del Ejecutivo Nacional, pasarán a formar parte del salario a la fecha de entrada en vigencia de la reforma legal.

A partir de dicha reforma se dará un plazo de doce meses para convertir en salario los ingresos distintos a este.

Las normas de la Ley Orgánica del Trabajo que han dado lugar a la desalarización de la remuneración, entre otras los artículos 133, 138 y 146, se reformarán con el propósito de consolidar el carácter salarial de todas las remuneraciones del trabajador.

Salario mínimo

El Ejecutivo Nacional en la misma oportunidad de entrada en vigencia de la reforma, fijará el salario mínimo nacional urbano y rural. Para tal fin se tomarán en consideración las propuestas realizadas por las partes.

Para efectos de garantizar la revisión futura de los salarios, se creará una Comisión Tripartita Nacional, que anualmente, en el marco de lo dispuesto sobre el particular en la LOT, revisará y recomendará el ajuste del salario mínimo, para lo cual tomará como referencia, entre otras variables, el costo de la Canasta Alimentaria. Dicha comisión tendrá un plazo de 30 días, contados a partir de su instalación cada año, para adoptar un acuerdo. Corresponderá al Ejecutivo Nacional a partir de dicha recomendación fijar el monto del salario mínimo. Del mismo modo, si en el plazo indicado la comisión no llegase a un acuerdo, el Ejecutivo Nacional en uso de sus facultades tomará la decisión pertinente.

Fortalecimiento de las relaciones colectivas de trabajo

En materia de relaciones de trabajo, se asumirá como política prioritaria del Estado, la vigencia plena de la libertad sindical, el fomento de la negociación colectiva, en sus distintas modalidades, la ampliación de los alcances de los convenios por rama de actividad y la simplificación de los requisitos para negociar a nivel de empresa.

Asimismo, se asume que la productividad es elemento indispensable para el desarrollo y crecimiento del país. El trabajador deberá recibir estímulos y mejoras sustanciales en su remuneración con ocasión de los aumentos que en aquella se generen: a tal fin se dictarán las normas pertinentes. Del mismo modo, las partes en la negociación colectiva pondrán énfasis en la regulación de esta materia.

Excepciones

Las estipulaciones de los convenios colectivos en materia de prestaciones sociales que consagren condiciones superiores a las contenidas en el presente acuerdo se mantendrán en vigencia, pero en el futuro podrán adoptar la modalidad aquí convenida.

Experiencia tripartita

El tripartismo es consustancial al modelo democrático de relaciones de trabajo, en esta oportunidad hemos comprobado que puede ser un escenario estratégico de diálogo e innovación social. Por tanto, aspiramos que se constituya en un instrumento permanente para analizar, definir y comprometer reformas en el mundo laboral, que integren el desarrollo y la justicia social.

En este sentido, el Ministerio del Trabajo deberá profundizar su capacidad como instancia permanente de diálogo social, donde empleadores y organizaciones sindicales encuentren un foro útil e idóneo para la construcción de un sistema de relaciones laborales basadas en el respeto, la creatividad y que responda a los retos de la Venezuela por venir.

Esta edición de *Misión Imposible* de Aurelio F. Concheso, fue realizada por FB Libros y CEDICE, gracias al auspicio del Centro Internacional para la Empresa Privada CIPE, en la ciudad de Caracas en el mes de enero del año dos mil diecisiete.

www.ingramcontent.com/pod-product-compliance
Lightning Source LLC
Chambersburg PA
CBHW020512290526
45786CB00002B/566